LES

TUILERIES

EN JUILLET 1832.

SOUS PRESSE,

Chez G.-A. Dentu, imprimeur-libraire.

Les d'Orléans en France, ou Histoire de tous les rois, princes et ducs qui ont porté ce nom depuis le commencement de la monarchie. Un vol. in-8º.

Louis-Philippe-Joseph-Egalité. Par E. L. B. de Lamothe-Langon. Deux vol. in-8º.

Mémoires sur les causes qui ont amené la révolution de 1789 et celle de 1830. Par M. le comte de Vaublanc, grand-officier de la Légion-d'Honneur. Quatre vol. in-8º.

Relation de la Campagne d'Afrique en 1830, et des négociations qui l'ont précédée, avec les pièces officielles, dont la moitié était inédite. Par M. le marquis de Bartillat, commandant le quartier-général pendant la campagne. Deuxième édition, revue et augmentée.

Vocabulaire du nouveau langage. Par M. Legrand. Un vol. in-8º.

LES

TUILERIES

EN JUILLET 1832.

Par le vicomte de Variclery,

auteur de *l'Exilée d'Holy-Rood*.

> Si tu veux que ton bien soit entièrement à toi, n'augmente pas trop ton domaine : apprends que, dans le logis étroit du monde, l'on ne peut avoir à la fois des richesses considérables et légitimes.
> (ABDAL-RAHMAN-BEN-AHMED, *Sagesse des Orientaux*.)

A PARIS,

CHEZ G.-A. DENTU, IMPRIMEUR-LIBRAIRE,

rue d'Erfurth, n° 1 *bis*;

ET PALAIS-ROYAL, GALERIE D'ORLÉANS, N° 13.

M DCCC XXXII.

*Par Lamothe-Langon (Etienne Léon Baron de)
Voy. Quérard.*

Les Tuileries

EN JUILLET 1832.

CHAPITRE PREMIER.

Palais des Tuileries.

Les Tuileries, *lieu d'écorcherie* au quinzième siècle. Premiers possesseurs. Première construction royale. Seconde époque de construction. Triomphe du mauvais goût. L'intérieur. La cour du Carrousel. Des *profits* en architecture. Le beau et le laid en France. Le Jardin. Chef-d'œuvre de M. Fontaine-Percier. Seconds possesseurs. De la Charte à propos des Tuileries. Le peuple souverain. La royauté au Palais-Royal. Qui a occupé ou qui occupe chaque appartement.

> Les palais ne sont que des hôtelleries plus richement meublées que celles des grandes routes. Les dynasties s'y succèdent ainsi que les voyageurs dans les auberges.
> (Confutzée.)

Ce palais, ce château, comme il plaira de le nommer, est d'un aspect imposant, mais

1

d'un détail misérable; il ressemble en ceci à force gens, très-bien nés sans doute, et dont néanmoins il ne faut pas s'approcher, si on veut conserver d'eux une impression avantageuse. Quant aux Tuileries, qu'on se figure un roitelet avec des ailes d'aigle, tel que l'est souvent le propriétaire de cette grande demeure; ou mieux encore le juste-milieu dans son exiguité d'essence, flanqué néanmoins de deux colosses qui lui donnent tant d'apparence, la garde nationale d'un côté, et la peur de l'anarchie de l'autre. Rien ne blesse autant l'œil que la double et énorme masse des deux pavillons et corps-de-logis gigantesques que, sous le règne de Louis XIV, on s'avisa d'ajouter au *casino* élégant de Catherine de Médicis; c'est un contresens perpétuel; un état de siége avec une Charte, ou des conseils de guerre en face de la légalité, les formes républicaines entourant la royauté, me semblent presque moins dissonnantes : en un mot, mon œil souffre de l'ensemble des Tuileries. Quant à l'intérieur...

Dans le quatorzième siècle, la place où ce

palais s'élève aujourd'hui était une *sablonnière;* elle en portait le nom : on y construisit une ou plusieurs fabriques de tuiles. Charles VI en fit la voirie de Paris, ordonnant que les *tueries* et *escorcheries* seraient transférées hors la ville, aux Tuileries Saint-Honoré. Ce lieu, où l'on déposait les *escorcheries,* appartint plus tard à un financier, Nicolas de Neuville, sieur de Villeroy. Remarquons en passant cette origine, *escorcheries* et *finances.* Les Tuileries m'ont bien la mine de finir comme elles ont commencé.

En 1518, François Ier acheta de Neuville cette maison de plaisance, pour en gratifier la comtesse d'Angoulême, Louise de Savoie sa mère, qui la céda en 1525, pour la vie seulement, au maître d'hôtel du dauphin. Plus tard, Catherine de Médicis, femme d'Henri II, et mère de trois rois morts sans laisser de descendance, voulut avoir un château hors Paris. La proximité de la maison des Tuileries lui convint; et en mai 1564, deux architectes, dont M. Fontaine-Percier connaît les noms, Jean Bullan et Philibert-Delorme, commencèrent à construire le noyau de l'édifice actuel. Ils voulaient un palais immense; la reine se contenta d'une maisonnette. On éleva d'abord le pavillon du milieu, dont le comble, circulaire à son origine, est devenu carré. Il y a peu de fixité dans tout ce qui touche aux Tuileries. Puis advinrent deux galeries élégantes, joignant deux pavillons petits et de bon goût, une architecture italienne et du scizième siècle, de la légèreté, mais un peu confuse par la multitude des ornemens. Une cour n'aurait pu se loger là toute entière; la maîtresse à peine, avec les élus, y trouvaient le couvert. Cela parut suffisant à cette époque, où la noblesse ne venait auprès de ses rois qu'en visite, où elle n'avait pas encore embrassé complètement l'état de haute domesticité.

Du côté du Carrousel il y a deux étages décorés de deux ordres, le dorique au rez-de-chaussée, l'ionique au premier. Entre chaque croisée, des gaines supportent des bustes. Vers le jardin, la décoration n'est pas la même.

Trois pavillons (je parle toujours de l'ancien palais) s'avancent très-en-dehors de la galerie, et sont unis par une terrasse découverte, que soutiennent à droite et à gauche vingt-quatre arcades, six ouvertes et dix-huit fermées. Au milieu de chacune, il y a une statue représentant un Romain; je les crois antiques; elles ne sont pas bonnes, c'est le pis.

Cent ans après, Louis XIV voulut *achever les Tuileries;* il en donna l'ordre, et, selon l'usage, on gâta ce palais. L'architecte Levau prétendit y mettre *du sien;* ce sien fut une absurdité. M. Percier-Fontaine continue de nos jours, afin sans doute que la coutume ne s'en perde pas. Levau commença par abattre la coupole élégante du pavillon du centre, il y substitua une hideuse calotte carrée et lourde; il chargea les murs du premier étage, faisant face au jardin, de gaines et bustes pareils à ceux du côté de la cour : il ajouta force détails de mauvais goût, s'attachant de son mieux à enlaidir le palais primitif; sorte de service que l'architecte maintenant en pied lui rend à son tour du mieux possible.

Levau ensuite éleva ces deux pavillons, ces deux corps, vrais colosses sans proportions ni mesures, chargés d'effroyables pilastres, géans sans goût ni règle non plus, masses qui écrasent le château de Catherine de Médicis, et qui font de ses colonnes gracieuses un jouet d'enfant et un *blesse-l'œil* perpétuel; tout cela élevé à une telle hauteur, que le centre se renfonce dans la terre, que des défauts sans nombre resplendissent effrontément. C'est là où l'on voit des fenêtres audacieuses couper la frise et en interrompre la ligne, dont la continuité fait le charme; où des combles de maisons gothiques surpassent, dans leur taille pyramidale, chargée d'effroyables oreilles (les cheminées), la hauteur totale de l'édifice; monstruosité qui n'a pu être supportée qu'en France, où la visigoterie continue à prospérer admirablement.

Tel est l'aspect extérieur de cette vaste demeure, qui court sur une seule ligne sans double corps, sans cour de service, sans commodités aucune; et cela à tel point que, lorsque S. M. Louis-Philippe est venu s'y installer, il n'y avait ni caves ni..... En vérité, ceci y était en provisoire, en ambulance, et il fallait un travail de tous les jours pour délivrer les appartemens d'une infection sans pareille.

On divise ce château en cinq parties principales. Prenons du côté de la rue de Rivoli. 1° Le pavillon Marsan; 2° le corps de la chapelle, de la salle de spectacle, et du grand escalier; 3° le pavillon de l'Horloge, faisant vestibule au rez-de-chaussée, et ne renfermant dans sa hauteur que la salle des gardes, dite *des maréchaux,* parce qu'elle est décorée des portraits des maréchaux de France vivans; 4° les appartemens royaux; 5° le pavillon de Flore, qui a vue sur la rivière. A ce pavillon se rattache la grande galerie du Louvre, autre vilain monument qui se présente sous deux genres d'architecture différens, et où sont renfermées les riches collections des tableaux des diverses écoles que Paris possède. On a commencé à construire une galerie parallèle à celle-là, qui du pavillon Marsan et le long de la rue de Rivoli arrive à celle de Rohan. Le projet est de la continuer jusqu'au Louvre.

La cour des Tuileries va du palais à l'arc de triomphe; charmant surtout de table, placé en dépit du bon sens, et copié par M. Fontaine-Percier sur celui de Septime-Sévère. Une belle grille ferme cette cour, dont les portes latérales sont ornées de quatre massifs supportant des Victoires (ceci se rapporte à Napoléon). L'intérieur de la cour est divisé en trois parties, au moyen de bornes de granit et de chaînes de fer. A quoi bon ? me suis-je demandé; et après avoir mûrement réfléchi, je suis venu à la solution suivante : Il y a eu du profit pour l'architecte et les ouvriers; c'est toujours en France la cause unique des extravagances qui déparent les monumens. J'en appelle aux piédestaux des statues du pont de Louis XVI..., du pont de la Révolution..., je me trompe..., du pont de la Concorde, veux-je dire ; car vous saurez qu'à Paris les ponts, places, quais, rues, boulevards, changent plus souvent de nom que tel honnête homme change de chemise : c'est un des amusemens de cette grave nation.

Vers la face opposée, et à l'ouest du château, s'étend le jardin des Tuileries, chef-d'œuvre du célèbre Le Nôtre, et que M. Percier-Fontaine vient de gâter, pour acquit de conscience, et afin que tout soit pollué uniformément, dynastie, Charte et le reste. Vous ne sauriez croire combien un tout complet est ici insupportable ; le beau lasse autant que le laid, ou plutôt le laid ne fatigue que parce que lui non plus ne change pas. La stabilité est ce qu'on déteste le plus au monde. Ainsi, beau et laid sont disgraciés tour à tour, non en haine personnelle, mais par ce besoin de varier ce qui est. Je ne plaisante pas, je dis vrai, et la manie va hors de toutes bornes. J'ignore comment un Français pourra s'accoutumer de la perpétuité des délices du Paradis.

Le jardin, dans son plan primitif, se composait de deux larges terrasses : celle qui touchait le château, élevée sur l'autre de quelques pouces, ce que marquaient un degré de marbre et une ligne formée de vases et de statues. En avant de la seconde terrasse s'étendait et s'étend encore, en partie, un parterre à l'ancien genre, orné de trois bassins, et coupé de larges allées d'un grand effet. A gauche est une terrasse élevée, qui donne sur la rivière. A droite, une terrasse moins haute, dite *des Feuillans,* ouverte sur la rue de Rivoli par une grille très-belle. En dessous, dans le jardin, une allée de proportion gigantesque, et garnie pendant l'été d'un double rang d'orangers. Au bout de ces deux terrasses, prolongées dans toute la longueur du jardin, en sont deux autres plantées aussi, et qui, de plus grande dimension, ferment de ce côté les Tuileries, en laissant jouir de la vue de la place Louis XV et des Champs-Elysées, des bâtimens du Garde-Meuble et du cours de la Seine. Deux rampes, majestueuses par leur largeur, descendent en fer-à-cheval jusqu'au plein-pied du jardin. En avant d'elles est la grande pièce d'eau; et dans l'espace qui de là court au parterre, est le bois percé par des allées d'inégale largeur. Celle du milieu, qui fait face au château, est magnifique.

Un peuple de statues décore les Tuileries. Il y en avait déjà beaucoup, et parfaitement bien disposées pour concourir à l'effet général de la décoration d'ensemble; mais depuis le nouveau règne, M. Fontaine-Percier, désirant les réunir en magasin, en a entassé quelques douzaines, pêle-mêle les unes sur les autres, dans un espace retranché en manière de camp de César, qu'il a tracé dans toute la longueur du château, sur une largeur de vingt à trente pieds environ. Avant ce chef-d'œuvre, on ignorait qu'il fût officier du génie, et qu'il cumulât les fonctions d'architecte avec celles de directeur des fortifications.

Maintenant, grâce à lui, le plan primitif a changé de face; la majesté de la masse a disparu, autant que l'accord suave des proportions. Des deux terrasses de face si largement dessinées, il a fait deux ruelles où, dans les jours de foule, on s'étouffera; mais aussi il a ménagé aux habitans du château la possibilité de se rôtir pendant l'été, et de se geler lorsque les hivers sont venus, entre quatre plate-bandes de gazon et en arrière d'un saut-de-loup : singulière garantie contre des *gamins,* ou contre un 10 août ou un 29 juillet!

Telles sont les Tuileries, jardin et palais.

Catherine de Médicis croyait à l'astrologie; et comme on lui avait prédit qu'elle mourrait à Saint-Germain, elle abandonna son *casino* favori, à cause qu'il dépendait de la paroisse Saint-Germain-l'Auxerrois. Les guerres civiles qui désolèrent la France, laissèrent les Tuileries vides d'habitans royaux; cela dura long-temps : enfin, après la mort d'Henri IV, et lorsque Marie de Médicis disputait aux favoris de son fils le pouvoir qu'elle voulait non se réserver, mais confier aux siens, on imagina de loger dans le château Mlle de Montpensier, alors fille unique de Gaston de France, de Gaston, duc d'Orléans, possédé de la manie d'être quelque chose, et qui ne fut rien, parce qu'il a été jadis dans la destinée des ducs d'Orléans de ne rien être, quoiqu'ils aient bouleversé la France par leur ambition.

Mlle de Montpensier, la *grande mademoiselle*, comme on l'appela; elle qui, à force de chercher à se marier avec toutes les têtes couronnées de l'Europe, finit par être la concubine d'un simple gentilhomme, car, il faut le dire, on se marie mal dans la maison de Bourbon; Mlle de Montpensier, comme M. son père, fit de la guerre civile : elle en eut un peu de renommée, et force désagrémens. Chassée des Tuileries à la fin de la Fronde, elle alla pleurer dans l'exil ses espérances évanouies. Les d'Orléans ont bien souvent manqué leur coup.

Tout le règne de Louis XIV s'écoula sans que la famille royale rentrât aux Tuileries; mais lorsqu'à l'avènement de Louis XV le duc d'Orléans, oncle du jeune roi, fut régent, le monarque vint habiter les Tuileries :

cela convenait à son tuteur, qui se trouvait plus à portée des filles de joie et de ses compagnons de débauche. Ces graves motifs firent abandonner Versailles, où plus tard Louis XV revint, parce qu'il était mal à son aise au milieu de Paris. Celui-là devait déconsidérer tellement la royauté, qu'il comprenait la nécessité de la tenir à l'écart et sous le voile.

Les Tuileries redevinrent solitaires; mais au 6 octobre, lorsque le duc d'Orléans d'alors voulut le roi prisonnier à Paris, afin qu'il fût là pleinement à sa commodité et sous sa surveillance, les Tuileries reçurent de royaux habitans, Louis XVI, l'héroïque Marie-Antoinette, leurs augustes enfans, la sainte Mme Elisabeth, toutes les vertus, enfin, et que devait accabler le crime. Dès lors les Tuileries, presque oubliées, attachèrent les regards du monde entier. Les royalistes en faisaient un sanctuaire; les anarchistes n'aspiraient qu'à les profaner. La famille royale espérait en sortir pour long-temps, lorsqu'elle entreprit le voyage funeste de Varennes; mille causes en décidèrent autrement : elle y rentra captive, déchue, découronnée. On rendit au roi, quelques jours après, *les fonctions royales,* c'est-à-dire le droit de recevoir toutes sortes d'injures, d'outrages, en attendant pis... ou mieux sans doute, car mieux vaut la mort que telle dégradation.

On commença le siége des Tuileries au 20 juin 1792 ; on le prolongea jusqu'au 10 août : ce dernier jour, le trône s'écroulant, jeta le roi sur l'échafaud du 21 janvier 1793.

Le peuple souverain entra aux Tuileries ; le massacre, le pillage, la destruction de tous les droits annoncèrent sa prise de possession : il régna seul pendant quelques jours ; puis, selon l'usage, il abdiqua au profit de pires que lui.

Le comité de salut public, celui qui anéantissait les fortunes privées et générales, démolissait les maisons, renversait des villes de fond en comble, violait les lois, égorgeait les citoyens en masse, siégea dans les Tuileries. Ce furent d'étranges habitans de cette demeure brillante, que ces hideux sans-culottes; ils en firent une caverne de brigands... Les cinq rois collectifs du Directoire n'osèrent remplacer Marat, Roberspierre, Couthon, Saint-Just et Barrère aux Tuileries; ils s'en furent trôner à l'étroit dans le Petit-Luxembourg; ce qui donna à l'action du temps le loisir de purifier les Tuileries, infectées de l'odeur des vices et du sang.

Buonaparte y vint tenir sa cour, dont des rois furent les premiers valets; il imprima aux Tuileries une grandeur d'opinion qu'elles n'avaient pas eue encore; il les fit connaître et redouter par les quatre continens : mais Buonaparte disparut au milieu des tempêtes qu'il avait si souvent provoquées. Le château, pendant son règne, était le séjour de la force; il fut celui de la loi, lorsque Louis XVIII vint l'habiter. Il faut le dire, la liberté en France ne date que de 1814; jusque-là il y avait eu pouvoir absolu, bien qu'on s'intitulât *Assemblée nationale, législative, Convention, Directoire, Consulat, Empire* : tout cela, au fond, étaient des maîtres, des despotes durs, sévères, implacables. La liberté restait un vain mot, une insolente mystification dont on outrageait la France, un moyen de rendre la tyrannie plus oppressive et l'esclavage plus entier; on n'agissait que par des mesures d'exceptions, que par l'arbitraire; on allait de chaîne en chaîne : les dernières dorées, il est vrai, des mains de la Victoire; mais enfin, comme un poëte l'a dit,

Des chaînes d'or ne sont pas moins des fers.

Or donc, où Louis XVI avait voulu fonder la liberté réelle, Louis XVIII la donna. La Charte fut une œuvre sans pareille; elle renfermait tous les élémens de prospérité possible; elle assurait la puissance du trône et l'indépendance de la nation. Il y en avait là assez pour durer pendant autres quatorze siècles. Quoi qu'il en soit advenu, la mémoire de ce monarque sera immortelle; et plus on s'éloignera de son époque, et plus les Français apprendront à le bénir.

Certes, du train dont vont les choses, si Louis XVIII n'avait pas fondé la liberté, nul après lui n'en aurait pris le soin. Le fardeau paraît si lourd, qu'on ne peut seulement continuer son ouvrage.

Louis XVIII quitta les Tuileries au moment où Bonaparte vint en passant y faire une visite victorieuse, lorsqu'il était en route vers la mort qu'il allait chercher sur la roche de l'exil. Le roi de France mourut dans ce palais, le 16 septembre 1824. Son frère et successeur, Charles X, en sortit on sait comment, le 29 juillet 1830.

Le peuple redevenu souverain, rentra ce dit jour aux Tuileries; et après qu'il se fût assis sur le trône pour renouveler sa possession, il chercha autour de lui un délégué; on lui présenta le duc d'Orléans.

Les Tuileries restèrent encore inhabitées, et ses murailles labourées de la mitraille de juillet. On aurait dit que des spectres s'étaient emparés de cet édifice : qu'un empereur avec ses chaînes mortuaires; que des régicides avec leurs piques, et qu'un roi à la tête coupée s'opposeraient à ce que d'autres que des vainqueurs vinssent s'établir dans leurs appartemens si souvent profanés. Cependant le roi des Français, le roi qui a dit en plusieurs éditions que la Charte serait une vérité, est venu à son tour prendre possession de cette magnifique hôtellerie. Les Tuileries sont devenues une autre fois le centre d'unité du gouvernement. Louis-Philippe a bien fait; la monarchie au Palais-Royal était placée dans une atmosphère trop saturée de débauches et de mercantilleries. On avait presque de la peine à démêler la majesté de l'Etat du chaos de tant de boutiques et d'existences si étranges. Les vertus privées de la nouvelle famille royale souffraient d'un contact aussi impur. Désormais on les verra mieux, on les appréciera davantage. La royauté est royale aux Tuileries; elle était par trop bourgeoise au Palais-Royal.

J'ai tâché d'esquisser dans ce chapitre la description et l'histoire des Tuileries. Il est bon de connaître les lieux dont on parle. J'ajouterai que l'appartement du premier étage, occupé successivement par Louis XVI, Napoléon, Louis XVIII et Charles X, est celui de Louis-Philippe; que la reine des Français, sa femme, a succédé à la dauphine, aux deux impératrices et à Marie-Antoinette; que l'appartement sur la cour et au rez-de-chaussée, où l'on vit l'ancien dauphin (Louis XVII), le roi de Rome et le duc d'Angoulême, est habité par les trois jeunes princesses; que les ducs de Montpensier, d'Aumale et de Joinville logent dans les combles de ce corps de logis, tandis que le duc d'Orléans actuel demeure dans le pavillon Marsan, là où naguère était Madame, duchesse de Berri; que le duc de Nemours a pris le lit du duc de Bordeaux, et que Mme Adélaïde a dans son lot le pavillon de Flore, où le pape habita pendant son séjour à Paris.

CHAPITRE II.

Le roi Louis-Philippe.

Précaution utile. Louis-Philippe. Ses opinions. Mot de Mme de Staël. Enfance du prince. Il a une femme pour gouverneur. Son caractère adolescent. La révolution. Citation historique. Fragment d'un journal. Réception aux Jacobins. Point d'encens à la messe. Scène de l'Assemblée nationale. Anecdotes. Le duc de Chartres n'approuve pas que la garde nationale délibère. La bonne éducation du duc de Montpensier le fait admettre aux Jacobins. Le duc de Chartres est mal reçu aux Tuileries, en 1791. Il croit que *l'insurrection est le plus saint des devoirs*. Son colloque avec M. de Lagondie. Il mangera sa chaise. Le duc de Chartres veut qu'on préfère la patrie à *quelqu'un* (le roi).

> L'homme, à l'âge mûr, voudrait souvent oublier sa jeunesse, ou que du moins les autres ne se la rappelassent pas.
> (*Recueil de maximes.*)

La flatterie environne le roi délégué du peuple, tout autant qu'elle étouffait le monarque par droit. Elle a cherché à ressusciter de son mieux toutes les formes basses de l'adulation ancienne. Mais peu m'importe; j'ai montré trop d'attachement jadis, pour avoir à craindre que mal advienne à ma sincérité. Ce préambule m'a paru nécessaire; je sais à qui je l'adresse. Ce n'est point seulement à la cour que l'on est tel qu'autrefois; il est un autre lieu où l'on ne veut pas plus qu'elle la franchise et l'indépendance....

Nota. Par *cour,* j'entends les courtisans. Sur ce j'entre en matière.

Le roi Louis-Philippe a toujours aimé la démocratie. Jamais il n'a été monarque plus empressé d'aller au devant de ses amis. Je n'ose dire de ses *sujets,* de peur qu'on ne s'imagine que je me modèle sur M. de Montalivet, ce qui serait de si pauvre goût. Quel roi a bu plus souvent que lui au verre commun, a plus touché dans la main, au hasard de tout ce qui peut s'ensuivre ? Aucun certainement, pas même Henri IV,

Le seul roi dont le pauvre ait gardé la mémoire.

Celui-là, très à tort sans doute, conservait un décorum qu'il alliait avec beaucoup de bonté. Aussi Mme de Staël disait de lui que c'était le roi le plus populaire et le moins populacier qu'elle connût. Je présume que si cette femme célèbre eût poussé sa carrière jusqu'à nous, elle aurait disserté *ex-professo* sur la *popularité* et la *populacerie*. Revenons à Sa Majesté.

Louis-Philippe sait qu'il est l'élu du peuple, le délégué de la nation, et que ce titre de premier fonctionnaire exige des formes citoyennes, qui rapprochent l'administrateur souverain du souverain administré. Aussi il n'en a fait faute à son avènement; et si aujourd'hui il s'en dispense, c'est qu'il a si bien fait dès l'abord qu'il ne lui reste ni une main à presser ni un cœur à gagner, car tous lui appartiennent; on aime tant Sa Majesté!!!

Louis-Philippe est né le 6 octobre 1773. Bizarre époque! Son père s'appelait alors le duc de Chartres. Sa mère, fille du duc Penthièvre, petit-fils bâtard de Louis XIV, sa mère posséda toutes vertus; sa mémoire restera sacrée; elle est sortie pure de la fange de la révolution.

L'histoire de son père est connue.

Lui porta d'abord le nom de Valois. A cinq ans, on lui donna pour gouverneur le chevalier de Bonnard, honnête homme, et qui faisait de petits vers. En 1782, la comtesse de Genlis fut à son tour investie des fonctions de gouverneur. Cette singularité parut ridicule; il en résulta pourtant une assez bonne éducation. Le jeune prince y gagna beaucoup; et sans chercher à faire un calembourg, on peut soutenir que ce fut là le meilleur ouvrage de cette dame, que nous avons vue mourir il y a peu de temps avec le titre de *mère de l'Eglise*, donné par des ennemis malicieux, et qu'elle accepta avec une conviction modeste tout à fait particulière.

A douze ans, le jeune prince perdit son grand-père, et, par l'effet de cette mort, devint duc de Chartres. Il fut reçu chevalier du Saint-Esprit, le 2 février 1789. Enfant peu brillant, adolescent étranger aux passions de la jeunesse, il conserva son innocence, lorsque certes aucun prince ne la gardait autour de lui. Taciturne, réservé, froid en apparence, mais ami ardent et citoyen enthousiaste, il ne fit parler de lui que lorsque la révolution éclata; il en embrassa les principes avec chaleur et certainement conviction; il courut prendre part à la démolition de la Bastille. On sait que Mme de Genlis, quoique depuis elle ne s'en soit pas vantée, avait institué une décoration en mémoire de cette journée célèbre : j'en ai vu la description quelque part. J'oublie qu'en 1788, et dans un voyage au mont Saint-Michel avec la dame gouverneur, le duc de Chartres détruisit, dans un mouvement de noble indignation, la cage de fer où l'on renfermait jadis les détenus dans cette prison célèbre.

A Mme de Genlis était adjoint M. Peyre, homme de lettres distingué, auteur d'une excellente comédie, *l'Ecole des pères*, qui demeura royaliste-royaliste, quand son élève se fit d'abord royaliste-constitutionnel, puis constitutionnel-républicain, ensuite et après l'assassinat de Louis XVI, républicain pur, et tout cela en fort peu de temps.

Le marquis de Ferrières, dans ses Mémoires, a consigné sur le duc de Chartres le fait suivant. Je crois que M. de Ferrières, si bien informé toujours, ne l'a pas été cette fois. Au demeurant, voici l'anecdote. Je copie, et préviens à l'avance que la scène dont il s'agit aurait eu lieu le 5 octobre 1789 :

« Le comte de Barbantanne (attaché au duc
« d'Orléans), suppléant de la députation de
« Paris, se lève avec un air d'impatience, et
« jetant un regard sinistre du côté de l'assem-
« blée où se placent les évêques et les nobles :
« On voit bien que ces messieurs veulent
« des lanternes; eh bien, ils en auront. » Ma-
« dame Charles de Lameth lui reprocha cette
« indiscrétion. « Vous voyez, madame, que
« ces messieurs demandent des lanternes. —
« Oui, oui, répliqua le duc de Chartres, il
« faut encore des lanternes. — Il est abomi-

« nable, répond M. de Raigecourt, que
« l'on ose ici tenir des propos comme ceux-
« là..... » Après un moment de silence, le
« duc de Chartres adresse la parole à M. de
« Raigecourt. « Est-il bien vrai, monsieur,
« que les gardes-du-corps n'aient pas prêté le
« serment? — Je ne crois pas, monseigneur.
« — Eh bien, monsieur, on le leur fera prê-
« ter. (1) »

Le duc de Chartres continua de manifester des principes contraires à ceux de la famille royale; on en a la preuve dans ses actes, et mieux encore dans un fragment de journal écrit de sa main, et publié en 1800. L'éditeur Lerouge annonça en même temps qu'il déposait l'original chez le libraire Daillon, où on pourrait le visiter. Ce fragment n'a pas été démenti ni désavoué, je le tiens donc pour vrai, et vais le citer textuellement; on y trouve d'ailleurs la preuve non équivoque que S. M. Louis-Philippe sera *la meilleure*

---

(1) *Mémoire du marquis de Ferrières*, t. 1, p. 295 et suiv., édit. de Berville et Barrière. Paris 1821.

des républiques; il porte depuis longtemps dans son cœur les principes républicains (1).

23 octobre 1790.

« J'ai dîné à Mousseaux. Mon père ayant
« *approuvé le vif désir que j'ai d'être reçu*
« *aux Jacobins,* M. de Sillery m'a pré-
« senté vendredi... »

2 novembre.

« J'ai été reçu hier aux Jacobins; on m'a
« fort applaudi. J'ai témoigné ma reconnais-
« sance de l'accueil plein de bonté qu'on vou-
« lait bien me faire, et j'ai assuré que je ne
« m'écarterais jamais *des devoirs sacrés de*
« *bon patriote et de bon citoyen.* »

3 septembre.

« J'ai été ce matin à l'Assemblée natio-
« nale. J'ai été ce soir aux Jacobins. »

Châteauneuf, ce 9 novembre.

« J'ai été ce matin à la messe; on ne nous

---

(1) L'original de ce journal a passé dans les mains de M. de Lafayette : j'ignore s'il y est encore. (*Note de l'auteur.*)

« a point encensés.... Si on avait voulu m'en-
« censer, j'étais décidé à ne pas le souffrir.
« MM. de Gilbert, père et fils, ont dîné ici
« aujourd'hui. Le fils a dix-sept ans et demi,
« et très-sage. Quoique son père et toute sa fa-
« mille soient aristocrates, cependant il est
« très-patriote; il m'a gagné le cœur. »

Paris, 9 novembre.

« Ce soir j'ai été aux Jacobins ; on m'a
« nommé censeur (ce sont ceux qui font les
« fonctions d'huissier).... On a parlé de la
« maison militaire du roi... J'ai appris que
« j'avais été nommé de la députation chargée
« de porter à l'Assemblée le serment du jeu
« de paume. »

10 novembre.

« J'ai été dîner chez M. Bonne-Carrère....;
« ce dîner à été très-gai, très-patriote, très-
« décent. »

Assemblée nationale, séance du 11 novembre.

« M. Biauza a demandé qu'on charge les
« comités militaires et de constitution réunis

« de présenter un projet de décret sur la com-
« position de la garde d'honneur du roi. M. de
« Beauharnais a demandé que le roi ne pût ja-
« mais commander les armées en personne, et
« a demandé le renvoi aux deux comités déjà
« nommés. M. Malouet s'est fortement opposé à
« ces motions. M. Alexandre Lameth a dit :
« On veut toujours présenter les amis de
« la liberté comme les ennemis du roi. Les
« noirs crient : Oui! oui! on a raison! — Le
« côté gauche : Non! non! — Les vrais amis
« du roi (reprend l'orateur) sont ceux qui
« ont détruit le ci-devant ordre du clergé et
« tous les parlemens; ce sont ceux qui ont
« délivré la nation de toutes les tyrannies
« sous lesquelles elle gémissait depuis si long-
« temps. — Le côté gauche et toutes les tri-
« bunes applaudissent avec transport. *J'ap-*
« *plaudis aussi.* M. de Cassini-Juiréné, dé-
« puté du Var, et M. de la Chèze, qui étaient
« à côté de lui, demandaient au président
« qu'on me fît sortir, puisque j'avais *l'audace*
« d'applaudir. Le président leva les épaules;

« je continuai *mes* applaudissemens, et en-
« suite je pris ma lorgnette pour voir les
« membres qui m'avaient interpellé. Ils criè-
« rent *à bas la lorgnette ;* ce que je ne fis
« que quand je les eus bien vus et bien re-
« connus. En sortant de l'Assemblée, j'ai été
« dîner au Palais-Royal, et de là au comité
« des présentations (aux Jacobins). Pour re-
« cevoir quelqu'un, il est nécessaire qu'un
« membre du comité signe sur le dos de la pré-
« sentation. J'ai endossé MM. Lebrun, Com-
« mergues et Brichard. *J'ai ensuite prévenu le*
« *comité qu'une personne admise dans le co-*
« *mité et affichée dans la société, M. Muke*
« *ou Mecke, était intéressée dans un papier*
« *intitulé* LA GAZETTE GÉNÉRALE, *qui est très-*
« *aristocrate.* Il a été ajourné indéfiniment. »

19 novembre.

« Le soir, nous avons été à *Brutus ;* on a
« fait beaucoup d'allusions. Lorsque Brutus dit:

Dieu, donne-moi la mort plutôt que l'esclavage,

« toute la salle a retenti d'applaudissemens

« et de bravos; tous les chapeaux étaient en
« l'air : cela était superbe! A un autre vers
« finissait par ces mots :

..... Etre libre et sans roi,

« quelques applaudissemens (auxquels ni moi
« ni ceux qui étaient dans la loge n'ont pris
« part) se sont fait entendre; on a crié sur le
« champ, *vive le roi! Mais sur l'observation*
« *que le cri unique* vive le roi! *était incons-*
« *titutionnel,* on lui a substitué le triple cri
« qui sonne si bien aux oreilles patriotes, et
« toute la salle a crié *vive la nation, la loi, le*
« *roi et la liberté!* »

25 novembre.

« J'ai été aux Jacobins; on a trouvé une
« adresse au roi, d'un M. Lambert, *rédigée*
« *selon le style de l'ancien régime : Votre*
« *royaume.... vos fidèles sujets... etc...* »

2 décembre.

« J'ai été ce soir de bonne heure aux Ja-
« cobins.... M. Barnave a très-bien parlé sur

« le club des soi-disant représentans des
« gardes nationales de France. M. de La-
« fayette leur a accordé le droit d'envoyer
« tous les jours deux d'entre eux chez le roi,
« qui font les fonctions de chevau-légers. Il sol-
« licite la même faveur auprès de l'Assemblée
« nationale. M. Barnave *a fait sentir combien*
« *il serait impolitique de permettre que les*
« *gardes nationales fissent un corps, qu'on*
« *ne devait point séparer les soldats des*
« *citoyens.* »

3 décembre.

« J'ai été hier aux Jacobins... J'ai demandé
« que l'âge d'admission fût fixé à dix-huit ans,
« en disant qu'à dix-huit ans on était bien en
« état de suivre une délibération; que *la société*
« *n'ayant aucun caractère légal,* devait être
« considérée comme une école, et qu'alors il
« était important d'y admettre de bonne heure
« les jeunes gens, parce que leur timidité serait
« plus aisément vaincue, et qu'ils pourraient
« quelques jours défendre les droits sacrés de la
« nation... On a rejeté mon amendement. J'ai

« dit alors que j'avais un intérêt dans cet amen-
« dement, que mon frère (duc de Montpen-
« sier) désirait ardemment être admis dans
« cette société, et que cela le rejetait bien loin.
« *M. Collot-d'Herbois m'a dit que cela ne*
« *ferait rien ; que quand* on avait reçu une
« éducation comme la nôtre, on était dans le
« cas des exceptions. »

2 janvier 1791.

« J'ai été hier matin aux Tuileries, en habit
« de l'ordre. Grâce à mon père, on a quitté
« la liste aristocratique des princes, pairs,
« ducs, etc. On a appelé par l'ancienneté, à
« l'exception de Monsieur et du comte d'Ar-
« tois, qui ne l'ont pas été. Monsieur *a pris le*
« *même rang que quand il était prince....* La
« reine a parlé à mon père, à mon frère, et
« ne m'a rien dit. Personne ne m'a rien dit,
« ni le roi, ni Monsieur, ni personne enfin. »

13 février.

« Hier, à onze heures, j'ai été à l'assemblée.
« On y discutait la question du tabac, c'est-

« à-dire si vous seriez maître de votre champ,
« oui ou non; car y a-t-il rien de plus injuste
« que de dire à un homme : Ce champ est votre
« propriété, mais vous ne pourrez pas y se-
« mer telle ou telle chose ? J'aurai le droit
« d'aller, quand je le voudrai, et autant que
« je le voudrai, dans votre maison, dans votre
« jardin, voir si vous n'y auriez pas planté de
« tabac, si vous n'y en auriez pas caché. *Au-
« cun Français ne souffrira, comme l'a fort
« bien dit M. Rœderer, une pareille inqui-
« sition; il se rappellera votre déclaration
« des droits de l'homme,* ET FERA USAGE DU
« DROIT DE L'INSURRECTION, etc. *Ce discours
« de M. Rœderer était très-beau,* et PÉREMP-
« TOIRE, A MON AVIS. »

27 février.

« Hier matin, j'ai été chez M. Millin, l'au-
« teur de *la Chronique*. Je voulais le prier de
« mettre dans son journal un article sur la
« résidence des fonctionnaires publics. Il y a
« consenti. »

30 juin, Vendôme.

« Ce matin, à six heures, aux écuries : il
« pleuvait à verse. En sortant d'une des écu-
« ries de M. Mastris, je rencontre M. de
« Lagondie, qui me dit : « Comment, monsieur,
« vous allez aux écuries par le temps qu'il fait ?
« — Monsieur, rien ne m'arrête quand je
« remplis mon devoir. — Mais vous ne devriez
« pas vous prodiguer autant ; il vaudrait mieux
« que les dragons vous vissent moins fréquem-
« ment. — Je ne vois pas de raison pour cela.
« — Il est très-dangereux de faire perdre aux
« dragons cette crainte que leur inspire votre
« cordon bleu, et la pensée que vous êtes un
« Bourbon. — Loin de croire qu'il soit dange-
« reux de faire perdre aux dragons la crainte
« dont vous parlez, je désire fort que ce soit
« ma personne qui soit respectée, et non pas
« toutes ces balivernes. — C'est avec des bali-
« vernes qu'on mène les hommes. S'il m'é-
« tait permis de vous donner un conseil sur
« le club, je vous dirais qu'en votre place, je

« n'aurais pas refusé cette place de distinc-
« tion qu'on voulait vous donner; car il me
« semble d'un danger éminent que vous soyez
« assis sur le même banc qu'un dragon; cela
« l'habitue à vous regarder comme son égal.
« — *J'aurai plutôt mangé cette chaise que*
« *de recevoir une distinction quelconque. Je*
« *les déteste,* et je ne croirai jamais qu'elles
« soient nécessaires à la discipline d'un régi-
« ment. Je vous déclare qu'autant que je res-
« pecte un ancien militaire qui porte la mar-
« que des services qu'il a rendus à sa patrie,
« autant je méprise celui qui passe sa vie dans
« des antichambres pour obtenir un ruban
« bleu. Voilà mon opinion sur les distinctions
« honorifiques; vous avez la vôtre, il m'est
« impossible de changer la mienne; ainsi,
« changeons de conversation. — Je n'ai plus
« qu'une seule observation à vous faire, c'est
« que souvent le subordonné s'ennuie de voir
« toujours la figure de son supérieur, et que
« si vous allez tous les jours à l'écurie, vos
« dragons s'ennuieront de vous voir, et vous

« leur deviendrez désagréable.—Je vous suis
« infiniment obligé ; mais vous me permettrez
« de croire que je ne me rendrai pas désa-
« gréable aux dragons en montrant beaucoup
« de zèle et d'assiduité à remplir mes devoirs,
« en étant toujours le premier à mon poste.
« Mais quand cela serait, cela ne m'empêche-
« rait pas de remplir mon devoir; et si je cé-
« dais à cette considération, on pourrait jus-
« tement me taxer de faiblesse. »

4 juillet.

« J'avais remis à hier au soir la déclaration
« sur le serment..... MM. de Lagondie, Bouil-
« lon, Dumonville et Montureux, m'ont dé-
« claré qu'ils ne prêteraient pas le serment...
« Il y en a un que je regrette beaucoup, c'est
« M. de Montureux; mais cependant cela di-
« minue fort la prévention favorable que j'a-
« vais conçue pour lui, car *je n'aime pas*
« *un homme qui préfère* QUELQU'UN *à sa*
« *patrie.* »

1er août 1791.

« Charmante journée ! *Vive les dragons!* Il

« n'y a pas de régiment comme cela en France.
« Avec de tels hommes, nous recevrons bien
« *les gueux* qui auront l'audace d'entrer en
« France, et la patrie sera libre, ou nous pé-
« rirons avec elle. »

CHAPITRE III.

Le roi Louis-Philippe.

Le duc de Chartres a remporté les batailles de Valmy et de Jemmapes. Lettre qu'il écrit à son père en 1793. Il passe à l'ennemi, et ne déserte pas. L'Autriche ne lui offrit pas un commandement. Il professe les mathématiques. Il voyage en Europe. Passe aux États-Unis. Revient en Europe. Fait la paix avec la branche aînée des Bourbons. Détails de famille. Mort de ses deux frères. Il arrive en Sicile. Bonaparte en Espagne. Mariage du duc d'Orléans. Récit de ses efforts pour combattre le roi Joseph. Citation. Retour en France. Propos tenu sur son compte par Louis XVIII. Autre du même sur le même. Louis XVIII lui refuse *l'altesse royale*. Causerie de ce roi avec le duc d'Orléans. Conversation des ducs d'Orléans et de Berri.

Nec regna socium ferre, nec tædæ sciunt.
(SÉNÈQUE, *Agamemnon*, acte III, scène v.)
Il en est du trône comme de l'hymen : il ne souffre point de partage.

DANS les fragmens extraits du journal autographe du duc de Chartres, je me suis attaché à la partie politique, afin de montrer combien ce prince a toujours aimé les principes de la révolution. Il a écrit de sa main que l'insurrection lui semblait le plus saint des devoirs, ce qui prouve combien les ministres en dernier lieu ont été coupables, lorsqu'ils ont mis Paris en état de siége pour fait d'insurrection. Le roi a dû en être au désespoir. De Vendôme il alla tenir garnison à Valenciennes. Il fit la première guerre sous les ordres du général Biron, fut nommé maréchal-de-camp par droit d'ancienneté, le 7 mai 1792. On croit généralement, depuis peu, qu'on lui doit le gain des batailles de Valmy et de Jemmapes. Cela passe aujourd'hui pour certain. Son père, après le 10 août, déclara qu'il n'appartenait point à la maison de Bourbon, et en conséquence, se conformant aux dispositions de la loi, demanda aux autorités compétentes l'autorisation de changer son nom de famille. La commune de Paris lui imposa celui d'*Egalité*, que les enfans prirent, et que le duc de Chartres adopta, en signant ainsi. Je présume que depuis son retour en France, et toujours par respect pour cette loi à laquelle il est si dévoué, il aura demandé et obtenu une nouvelle autorisation pour reprendre les noms de *Bourbon* et d'*Orléans*.

Le citoyen Egalité fils passa dans l'armée de Dumouriez. Il écrivit alors à son père la lettre suivante :

« L'armée est dans un désordre admirable, « je vois la liberté perdue. La Convention a « oublié tout principe. Nos troupes de ligne « sont détruites, le régiment de Deux-Ponts « est réduit à cent cinquante hommes. Peut-on « avec les volontaires lutter contre toute l'Eu- « rope !.... »

Avant cette lettre écrite, le procès et l'assassinat de Louis XVI avaient eu lieu.

Dumouriez traitait avec les étrangers. Son intrigue fut découverte ; il dut en précipiter le dénouement. Il passa à l'ennemi, il déserta. Le citoyen Egalité fils partit avec Dumouriez, il ne déserta point : c'est un fait positif. Les Autrichiens le reçurent mal. On a dit, mais sans le prouver, que le prince Charles lui offrit le commandement d'un corps d'armée. La chose était impossible alors. La famille Egalité s'était placée par ses opinions, par ses actes, trop en opposition avec les principes aristocratiques de l'Europe. La vérité est qu'on agita si on n'arrêterait pas le nouveau venu. Il obtint des passe-ports sous un nom anglais, et arriva à Bâle, le 22 avril 1793. Il voulait s'établir en Suisse ; on le repoussa de tous les lieux, à tel point l'exaspération était extrême contre son père et ses propres opinions. Il dut se résoudre à mener la vie d'un fugitif. Ce fut avec un courage constant, avec une patience non moins admirable, qu'il remplit cette époque de sa vie, où il eut à lutter contre la colère des hommes et les embarras de la pauvreté. On a dit, il est vrai, que Philippe Egalité avait beaucoup d'argent placé dans les banques étrangères, et que son fils avait ses raisons pour afficher la pauvreté; mais cela n'est pas prouvé. Voyageur pédestre, ne séjournant que peu dans le même endroit, il parvint à faire perdre ses traces. C'est dans cette circonstance pénible que quelques connaissances en mathématique lui procurèrent un asile momentané au collége de Rescheneau, où on l'admit en qualité de professeur de géométrie, de géographie, d'histoire, etc. Quand il en partit muni des certificats les plus honorables, il se retira à Damgartems, sous le nom de M. *Corby;* il acheva de passer là le reste de 1794. Une suite de mauvaises nouvelles, des désagrémens qu'il prévoyait ne pouvoir éviter s'il continuait de résider en Europe, le décidèrent à passer aux Etats-Unis. Il alla, en 1795, s'embarquer à Hambourg; mais l'argent lui manqua lorsqu'il eut atteint cette ville. Il reforma donc son projet; et suivi du comte Gustave de Montjoye, il alla visiter le Danemarck, enveloppé du plus sévère *incognito,* passa en Norwège, qu'il parcourut également, et presque toujours à pied. Après avoir exploré la Laponie et la Finlande, il traversa la Suède, et fut reconnu à Stockholm. On lui prodigua des soins dont il était sevré depuis long-temps : il vit le roi, le duc de Sudermanie ; n'accepta rien de ce qu'on lui proposa, et s'en vint dans le Holstein, où il reçut, en 1763, une lettre de Mme la duchesse d'Orléans sa mère, qui le conjurait de passer en Amérique : c'était à condition qu'il s'exilerait dans cette partie du monde, que le Directoire consentait à rendre la liberté à ses deux frères, le duc de Montpensier et le comte de Beaujolais, détenus au fort Saint-Jean, à Marseille.

Le duc d'Orléans (il avait repris ce titre) partit d'Hambourg le 24 septembre 1796, et le 21 octobre suivant, il était à Philadelphie. Ses frères ne le rejoignirent qu'en février 1797. Tous les trois parcoururent cette partie de l'Amérique septentrionale. De là, ils passèrent à la Havane.

Un ordre du gouvernement espagnol, daté du 21 mai 1799, vint enjoindre aux autorités de cette colonie d'en faire sortir les trois princes, qu'on voulait renvoyer à la Nouvelle-Orléans. Ils refusèrent de se laisser exiler à la fantaisie de Charles IV, et passèrent en Angleterre.

Le premier soin du duc d'Orléans fut de se rapprocher de Monsieur, comte d'Artois, auquel il demanda pardon des fautes politiques de sa jeunesse; et cet acte de soumission le releva dans le cœur de tous les royalistes. Monsieur y répondit avec sa grâce accoutumée, sa franche loyauté. Le duc d'Orléans acheva la réconciliation en s'adressant à S. M. Louis XVIII, qui reçut aussi ses regrets avec une bonté parfaite, sans cependant y mettre l'effusion du comte d'Artois. Cette réconciliation convenable produisit un bon effet. Buonaparte, alors premier consul, en ressentit de l'inquiétude; et je tiens ceci de Cambacérès, qui me l'a raconté devant le comte Fabre de l'Aude, l'un des hommes les plus recommandables de la révolution.

Ce point accompli, le duc d'Orléans, avec ses frères, partirent dans le dessein d'aller voir leur mère, alors en Espagne. Mais la politique de Charles IV fut inexorable, et ne permit point à ces princes d'accomplir un devoir si cher à leur cœur. On les repoussa de la rade de Barcelonne. Tout le fruit qu'ils retirèrent de leur voyage, fut d'amener leur auguste mère à consentir à recevoir auprès d'elle leur sœur, Mlle d'Orléans, ce que jusqu'à cet instant elle n'avait pas voulu faire, pour des motifs sur lesquels il convient de jeter un voile respectueux.

Les trois frères reprirent la route de l'Angleterre. Ils s'établirent à Twickengham; ils y vécurent en paix, jusqu'à la mort du duc de Montpensier, en 1807, qui succomba à une maladie de poitrine. La même affection atteignait le comte de Beaujolais; il fallait un climat plus doux pour ce prince. Deux lieux seuls pouvaient le recevoir, à cause de l'état de guerre qui embrasait toute l'Europe, et de l'influence que Napoléon exerçait sur le reste du continent : c'étaient les îles de Malte ou de Madère. La première fut choisie. Les illustres voyageurs l'atteignirent en mai 1808. Les médecins déclarèrent le séjour de Malte contraire à la maladie du comte de Beaujolais. Ils indiquèrent la Sicile, comme plus convenable. Tandis que le duc d'Orléans attandait la réponse à la lettre qu'il avait écrite au roi Ferdinand III, son frère mourut. Lui alors quitta Malte, pénétré d'une douleur profonde, et se rendit à Messine. Là, il reçut l'autorisation demandée, et conçue dans les termes les plus bienveillans. Il se rendit à Palerme, et y fut accueilli au-delà de ses espérances.

De grands évènemens avaient lieu en Espagne, où Napoléon agissait avec une perfidie indigne de lui. Il enleva toute la famille royale, donna cette couronne à Joseph son frère, alors roi de Naples. Aussitôt les Espagnols coururent aux armes. Le roi Ferdinand III crut qu'un de ses fils qui se mettrait à la tête des Espagnols fidèles, contribuerait à conserver ce beau royaume à la maison de Bourbon. En conséquence, il y envoya son second fils, le prince Léopold, que le duc d'Orléans accompagna.

Il s'agissait de combattre contre l'empereur des Français, contre le drapeau tricolore.

Les Anglais n'approuvèrent pas ceci. A leur arrivée à Gibraltar, les deux princes furent arrêtés; Léopold retenu sur le lieu pendant deux mois, et le duc d'Orléans envoyé en Angleterre: il y fut rejoint par sa sœur, dont leur mère s'était séparée, sous le prétexte des périls que Son Altesse sérénissime courait au milieu des Espagnols. On croit qu'il y avait une autre raison à ce renvoi singulier, l'incompatibilité d'humeur. Le cabinet anglais consentit à laisser libre le duc, mais non à ce qu'il approchât des côtes d'Espagne. Une frégate le ramena à Malte, puis à Palerme. La reine Caroline le traita mal cette fois. On était parvenu à le lui rendre suspect. Une explication eut lieu; elle amena un mariage: celui de la princesse Amélie, seconde fille de Leurs Majestés siciliennes, avec le duc d'Orléans. Ce fut la même année que celui-ci put enfin jouir de la douceur de revoir sa mère, qui le rejoignit à Mahon. Le mariage fut célébré le 29 novembre 1809.

Au mois de mai 1810, la junte d'insurrection espagnole fit proposer au duc d'Orléans le titre de *généralissime*, et le commandement des armées destinées à chasser les Français de la péninsule.

Le duc d'Orléans accepta.

Il se remit en mer; mais arrivé devant Tarragone, le chef espagnol déclara qu'il ne le reconnaissait point en la qualité précitée. Il fit voile vers Cadix, où on ne lui tint aucune des promesses qui l'avaient fait venir. Il insista sans succès pour qu'on lui remît le commandement. L'influence anglaise paralysa son ardeur de combattre contre l'usurpateur de la couronne d'Espagne. Je copie ici une biographie dont Son Altesse royale n'a démenti aucun trait, bien qu'elle ait été publiée en 1824, celle *des Contemporains :*

« La régence elle-même, qui l'avait appelé
« de son propre mouvement, craignait alors de
« le recevoir. Cependant il insista, et débar-
« qua à Cadix avec les honneurs dus à son
« rang. La régence le reçut en audience pu-
« blique; mais après cette cérémonie, après
« quelques jours passés à visiter les fortifica-

« tions de Cadix et la position militaire de
« l'île de Léon, il eut lieu de se convaincre
« que ses efforts seraient inutiles. Une frégate
« anglaise fut dépêchée à Cadix, avec ordre de
« le conduire en Angleterre. Le prince refusa
« de s'embarquer. Alors l'ambassadeur anglais
« pressa le conseil de régence de l'y contrain-
« dre ; mais ce conseil s'y refusa, se conten-
« tant de le tenir dans l'inaction. Enfin, au
« bout de trois mois d'attente, les cortès s'as-
« semblèrent dans l'île de Léon. Dès les pre-
« miers jours, l'influence anglaise qui les di-
« rigeait alors, obtint l'éloignement du duc
« d'Orléans, en faisant craindre que si on ne
« le contraignait pas à quitter Cadix, les troupes
« anglaises ne se retirassent de la péninsule.
« Frappé de l'ordre de s'éloigner, le duc d'Or-
« léans tenta, comme dernière ressource, de
« parler lui-même aux cortès assemblées. Il
« courut à l'île de Léon, où elles étaient réu-
« nies, mais il y avait séance secrète : on en
« profita pour ne pas le recevoir. Trois mem-
« bres furent chargés de lui manifester que les

« cortès regardaient son éloignement comme
« nécessaire au salut de cette Espagne dont il
« était venu défendre l'indépendance. *Ce fut*
« *alors, qu'après trois mois de résistance et*
« *d'efforts inutiles, il fut contraint de re-*
« *monter sur une frégate espagnole, qui le*
« *reconduisit au même rivage où la régence*
« *l'avait envoyé chercher.* » Il arriva à Palerme en octobre 1810.

L'Espagne, alors, n'était en guerre qu'avec la France impériale; et le duc d'Orléans employa *trois mois de résistance et d'efforts inutiles* pour être mis en possession du commandement suprême des troupes espagnoles, qu'on lui avait promis.

Pendant la lutte des Siciliens contre leur gouvernement, le duc d'Orléans se tint à l'écart; il ne prêta son appui ni à sa famille ni au peuple : ce fut de la prudence, de cette haute prudence dont il a donné, pendant les trois journées de juillet 1830, une nouvelle preuve; c'est une sorte de sagesse qui ne compromet jamais, et qui profite toujours. Elle me semble très-admirable ; car, s'il est permis à un prince de recueillir ce qui lui est offert, il ne doit pas le provoquer par des actes : c'est là mon opinion. Aussi ne pourrai-je jamais louer assez l'invisibilité du duc d'Orléans pendant les troubles de Sicile et la révolution de Paris.

Napoléon, poussé par la destinée, alla chercher sa perte en Russie : dès lors, la fortune se déclara contre lui, et elle acheva de le renverser en avril 1814. Dès que la nouvelle en fut venue à Palerme, le duc d'Orléans se hâta de s'embarquer ; il fit la traversée avec tant de diligence, que le 17 mai il parut aux Tuileries, vêtu de l'uniforme de lieutenant-général. Il revint en Sicile chercher sa famille. Il était à Paris en 1815, lors du débarquement de Napoléon : on sait comment il se conduisit à cette époque fatale ; mais ce que communément on ignore, c'est un propos de Louis XVIII, qui dit à Gand :

« Il faut, pour le bonheur de la France, que Buonaparte en sorte le plus tôt possible ;

et pour le repos de ma famille, que le duc d'Orléans n'y rentre pas. »

La perpétuité de l'exil du prince était chose résolue par ce sage monarque; mais il céda aux sollicitations pressantes du duc, de la duchesse de Berri, et de Monsieur, comte d'Artois. Aussi, lorsqu'il eut signé l'autorisation du retour, il dit : « Qu'on garde cette plume; elle servira à l'abdication d'un de ceux qui me font faire cette faute. »

Louis XVIII ne pardonna jamais au duc d'Orléans ce qu'il appelait les torts de ce prince; il avait l'injustice de ne pas vouloir faire la part de l'âge et des suggestions paternelles. Quand on le pressa d'accorder à la branche d'Orléans le titre d'*Altesse royale*, il dit à Monsieur, qui, avec une bonté sans pareille, remplissait cette mission :

« Non, par Dieu, je ne l'accorderai pas. Est-ce que vous voulez leur faire faire un pas de plus vers le trône? Je ne les en trouve que trop près, dans l'intérêt de vos enfans, mes neveux. »

Telle était la pensée constante de ce fondateur de la liberté en France ; il voyait l'avenir de la branche aînée très en noir. Et, après l'assassinat atroce du duc de Berri, lorsque le duc de Bordeaux fut venu au monde, lorsque le duc d'Orléans vint faire à ce roi son compliment de félicitation :

« Monsieur, dit Louis XVIII, il n'y a plus entre vous et la couronne qu'une seule tête ; oui, je ne vois que mon petit-neveu : car, après lui, vous viendrez. Si ce qui arrive aujourd'hui avait eu lieu du temps de Charles III, ce monarque vous aurait été un rude adversaire ; il était lui-même fils d'un Français, de Philippe V. Tandis que, maintenant, votre chance est belle..., très-belle..... ; attendez-la. »

Cette anecdote ne sera pas démentie ; elle est vraie, ainsi que la suivante :

Le duc de Berri vivait ; il venait de perdre son premier enfant, la première MADEMOISELLE. Quelque temps après, il fit à Neuilli une visite, passa d'abord chez Mme la duchesse d'Orléans, s'informa où était le duc; et apprenant qu'il travaillait dans son cabinet, il voulut aller l'y surprendre. Le duc avait avec lui son fils aîné; un sentiment de délicatesse l'engagea à renvoyer le jeune prince, afin de ne pas renouveler le chagrin du duc de Berri, qui, devinant cette attention gracieuse, dit au duc d'Orléans, en montrant le duc de Chartres : « Celui-ci court une haute chance. Ma femme peut n'avoir plus d'enfans, ou ne me donner que des filles; la couronne, alors, passera à votre fils.

Le duc d'Orléans, avec autant de présence d'esprit que d'art des convenances, répliqua: « Du moins, monseigneur, s'il parvenait à la couronne, ce serait vous qui la lui donneriez, en qualité de second père; car vous êtes plus jeune que moi, et mon fils tiendrait tout de vos bontés. »

J'arrête ici ce qui me reste à dire sur le roi Louis-Philippe. J'y reviendrai peut-être plus tard.

CHAPITRE IV.

La Famille royale.

Jeunesse de la reine Marie-Amélie. Son histoire jusqu'à son mariage. Affaire de la dot. La duchesse vient en France. Ses opinions. Ses voyages. Son caractère. Ce qu'on dit d'elle. Intérêt qu'elle porte aux affaires publiques. Regrette les fleurs de lis. Le prince royal. Son portrait. N'aime pas les enthousiastes. Ses flatteurs. Il dessine des caricatures. Mlle ***. Autres habitudes. Voyage manqué à Lyon. Ce qui aurait dû en résulter. Le duc de Nemours. Deux couronnes refusées. Lettre singulière d'un agent français. Caractère de ce prince. Le prince de Joinville. Sa première campagne sur mer. Le duc d'Aumale. Le duc d'Enghien et M. Savary-Rovigo. Le prince Montpensier. Son portrait peint par Hersent. Son caractère. Drapeau brodé par une femme. Anecdote. Détails de famille. Les trois jeunes princesses. Retour à *la reine*.

Cœlum, non animum mutant, qui trans mare currunt.
(HORACE, épître 11, livre 1.)

En passant les mers, on change de climat; mais les dispositions de l'esprit restent toujours les mêmes.

APRÈS le roi, la famille est composée de la reine Amélie, de Mme Adélaïde, des cinq fils et des trois filles de Leurs Majestés.

Marie-Amélie naquit à Cazerte, auprès de Naples, le 26 avril 1782. Son père était Ferdinand IV, roi de Sicile; sa mère, Marie-Charlotte-Louise, archiduchesse d'Autriche, et sœur de la reine de France Marie-Antoinette. La jeune princesse eut pour institutrice la femme d'un légiste napolitain, la signora Ambrosio, personne aussi recommandable par la pureté de ses mœurs que par l'étendue de ses connaissances. Elle fut aidée, dans l'instruction de Marie-Amélie, par le chanoine Rossi, précepteur du prince-royal, et homme pareillement d'un mérite peu ordinaire. La signora Ambrosio demeura encore auprès de Son Altesse royale trois ans, à la suite du mariage de celle-ci; elle eut peu de peine dans les soins qu'elle se donna pour compléter une bonne éducation, car la terre où elle semait était naturellement fertile en vertus et en qualités.

La révolution française retentit au fond de l'Italie. Le trône de Naples fut renversé en 1798; la famille royale se réfugia en Sicile, non sans danger de périr au milieu d'une affreuse tempête qui s'éleva pendant le passage, pronostic funeste de toutes celles qui attendaient aussi cette branche des Bourbons. Les malheurs communs rapprochèrent la reine Caroline de son auguste fille, et la lui firent mieux connaître qu'auparavant : elle lui accorda sa confiance, et en fit son secrétaire intime. En 1800, la reine entreprit un voyage en Autriche, avec ses filles et son second fils : ce voyage dura deux ans; il développa les idées de la princesse, et lui apprit à connaître le monde, ce que ceux de son rang ignorent toujours. Revenue à Naples, et séparée de ses sœurs par la mort ou par l'hymen, elle en contracta une mélancolie qui lui devint naturelle, en augmentant toutefois son goût pour la culture des vertus solides et d'une piété sans bigoterie, qui donne tant de prix à ceux assez heureux pour démêler la religion des choses qui lui sont défavorables.

Une nouvelle catastrophe la chassa de Naples avec sa famille. La reine ayant décidé

Ferdinand IV à rompre les traités avec Bonaparte, lors de la guerre de 1805, le vainqueur d'Austerlitz décida la ruine totale de la maison de Bourbon, et, pour commencer, envoya son frère Joseph à la conquête du royaume de Naples, dont il l'investit. La Sicile fut encore une fois l'asile de ses maîtres : ce fut là que vint débarquer le duc d'Orléans. On dit que l'amour devança leur mariage : l'amour est chose peu commune parmi les personnes de leur rang ; et si, par cas, il se manifesta dans leur cœur dès le principe, on doit les en féliciter.

Epouser le duc d'Orléans, en 1809, était annoncer une entière abnégation des grandeurs de la terre : son avenir était si obscur ! Une lueur d'établissement en Espagne fut aussitôt dissipée que visible ; mais la Providence travaillait en arrière des hommes et plus haut qu'eux, et la suite l'a bien prouvé.

Le mariage eut lieu en présence de Mme la duchesse d'Orléans, douairière. Ferdinand IV, qui appelait, par amitié, son gendre futur *mon chat,* voulut que, conformément à un vieil usage, le parlement de Sicile donnât à la princesse, non la dot de *cent mille onces* (douze cent cinquante mille francs), mais un revenu propre à lui aider à soutenir son rang. Le parlement se fit tirer l'oreille; il marchanda. Le duc d'Orléans en éprouva une vive douleur; car son âme généreuse aurait souhaité obtenir tout d'emblée, tant ces misérables discussions lui faisaient de mal : il s'en donna beaucoup en cette circonstance, et obtint, en définitive, non la somme, qui était une misère, mais un revenu annuel de trois cent mille francs de rente. C'était peu sans doute pour la grandeur du jeune couple, mais beaucoup pour la Sicile, écrasée d'impôts et de toutes sortes de calamités.

Les évènemens amenèrent en France le duc et la duchesse d'Orléans : cette princesse y conquit tous les suffrages; elle se renferma dans les devoirs de mère et d'épouse, rendus plus respectables par sa fécondité; elle se fit des amis et non des partisans, ne se montra que pour faire le bien, et elle a suivi son mari sur le trône, ainsi qu'elle l'aurait accompagné dans les fers. Tous ceux qui l'approchent l'aiment et la bénissent. Je ne sais pas de bouche qui n'en dise du bien.

Mme Adélaïde d'Orléans, titrée d'abord de MADEMOISELLE, et maintenant de MADAME, depuis que son frère est sur le trône, est née le 23 août 1777. Mme de Genlis fut sa gouvernante, et obtint, en retour des soins qu'elle lui donna, une tendresse qui, en de certains temps, dépassa le fanatisme. Les opinions de cette princesse furent d'abord celles de son père et de Mme de Genlis; elle les manifesta par ses propos et par ses actes. Emigrée malgré elle, réfugiée à Bremgartenn avec sa gouvernante, elle demanda enfin un asile à sa tante la princesse de Conti, qui le lui accorda, à condition qu'elle n'amènerait pas avec elle Mme de Genlis, à qui, dans la famille, on attribuait et la conduite du duc d'Orléans, et ses mauvais procédés envers sa femme si méritante.

Mlle d'Orléans se décida à ce sacrifice douloureux. Son frère, quelques années après, la raccommoda avec leur noble mère, et elle alla la rejoindre en Espagne. L'invasion des Français fut le prétexte d'une autre séparation. Mlle d'Orléans, fuyant les Français, se mit en quête pour retrouver son frère, et, après des courses maritimes très-pénibles, le rejoignit en Angleterre. Elle le suivit en Sicile, assista à son mariage, ne retourna point avec sa mère, quand celle-ci quitta Palerme, et enfin rentra en France en 1814.

Cette princesse, destinée d'abord à épouser le duc d'Angoulême, a fini par garder le célibat. Je sais que certains prétendent qu'elle a contracté un mariage secret avec l'un des aides-de-camp de son frère; mais des plaisanteries de journaux ne règlent point ma croyance : je regarde comme une fausseté cette allégation, bien qu'elle soit adoptée par beaucoup de monde; il est des faiblesses que mon respect ne peut supposer possibles. Il y a aussi des gens, et cela sans doute par des motifs particuliers, qui prétendent que Mme Adélaïde joue dans l'Etat un rôle très-important; ce serait chez elle, à les entendre, que se réunirait le conseil secret, celui qui, en définitive, règle les destinées de la France. On avance de tels faits, parce qu'on connaît à Son Altesse royale un caractère décidé, beaucoup de courage moral, et une intrépidité que l'on n'a pas communément autour d'elle. Ses avis, si elle en donne, sont pleins d'énergie; elle voudrait, je le présume, que l'on agît avec force, avec vigueur : telles doivent être ses inspirations, s'il est vrai qu'elle en fournisse. Je sais, par exemple, que des individus attachés à la famille lui remettent une multitude de notes politiques ou administratives; qu'on a parfois appelé son attention sur le Midi; qu'elle en a parlé au roi Louis-Philippe. Elle montre un vif attachement aux intérêts de sa maison, lit beaucoup, et surtout les pamphlets, les journaux, et tout ce qui peut éclairer son opinion ou celle de son frère. Elle est particulièrement malheureuse, lorsqu'on remet en scène l'auteur de ses jours; elle voudrait, au prix de son sang, lui épargner les flagellations de l'histoire : c'est impossible. Mais on ne doit pas moins admirer la vivacité de son respect filial.

Elle paraît moins portée vers la populace, que d'autres personnes de son sang. On m'a dit qu'elle versait des larmes abondantes le jour où, en vertu de la volonté des acteurs du 13 février 1831, on détruisait les fleurs de lis dans le Palais-Royal. Mme Adélaïde a des qualités viriles; et l'influence qu'on lui accorde n'est peut-être que la preuve de la supériorité de son esprit.

Le duc d'Orléans, ci-devant duc de Chartres, et aujourd'hui prince-royal, est Sicilien de naissance; car il est né à Palerme, le 3 septembre 1810. Les prénoms ne lui manquent pas : il porte ceux de Ferdinand-Philippe-Louis-Charles-Henri-Joseph, et, par suite, il a bon nombre de protecteurs dans le ciel. Il a reçu une éducation complète, depuis les plus hautes sciences jusqu'à la savate; et je ne signale pas ceci en plaisantant. Son père a veillé à ce qu'il reçût tout ce qu'on pouvait lui donner ; la nature et le caractère feront le reste. Il est grand, élancé, assez bien fait ; sa figure est régulière, blanche, colorée et peu mobile. Ses yeux bleus sont froids. Il a les cheveux blonds et les favoris blafards. Il est agréable d'aspect général. Son état habituel est le calme ; ce qui fait craindre que dans son âme il n'y ait pas beaucoup de feu : peut-être que son impassibilité apparente est l'effet de sa volonté. Je sais qu'il a dit à M. Layssac, sous-préfet de Château-Chinon : « Monsieur, je n'aime point les enthousiastes. » Il lui fut répondu : « Prince, ils ont appelé pourtant votre père à la couronne. » Le mot est vrai. Mais le prince n'est pas tenu non plus d'aimer ceux dont il redoute la fougue ; et si l'enthousiasme lui déplaît chez les autres, il est naturel qu'il n'en manifeste pas en lui. Nous sommes cependant à une époque où l'on parle beaucoup d'enthousiasme : on en veut partout, dans la vie publique et privée, dans les relations de tous genres, au théâtre, dans l'amour, dans les arts; on ne manque pas d'en parler, par exemple, dans chaque préface d'un livre, sauf à ne point en avoir dans l'ouvrage même. L'enthousiasme est une chose convenue. Aujourd'hui, je gage que nul n'approche de Son Altesse royale sans l'informer de *l'enthousiasme qu'elle inspire*. Je me flatte que le prince possède assez de sens pour ne pas croire un mot de ces menteries renouvelées des anciennes cours; il doit, d'ailleurs, se tenir pour bien averti d'abord que qui veut mériter l'enthousiasme des autres, doit commencer par en avoir sa part.

Le prince royal est instruit; il cultive avec succès les arts, et particulièrement celui du dessin; il croque de très-jolies caricatures : on a cité celle qui comprenait la société ordinaire des Tuileries avant juillet 1830, et qu'il a lithographiée pour en gratifier les membres de sa famille. Je présume que les Tuileries actuelles lui ont fourni le sujet d'un pendant à son œuvre malicieuse. Certes, les Lobau, les Athalin, les Guizot, Girod de l'Ain et *ejusdem farinæ,* valent bien les hommes de l'ancien régime. On a prétendu qu'une charmante actrice, dont à part le talent on vante les mœurs et la retenue, recevait depuis plusieurs années les visites de Son Altesse royale. Ceci me paraît si naturel, à l'âge de l'un et de l'autre, que je n'en fais mention que pour l'acquit d'un devoir d'historien. La chose n'est point peut-être... Toutefois, il y a si peu de luxe autour de Mlle ***... Pas de maison montée...; elle-même va à pied ou en fiacre. Tant d'économie militerait beaucoup en faveur d'une telle liaison ; car on retrouverait là..... Je n'achève pas ma phrase ; *à bon entendeur, salut.* Le prince se montre beaucoup ; il a des goûts simples ; il penche vers la camaraderie : un de ses grands délassemens est de descendre le soir, et un peu tard, dans la cour des Tuileries, et là, en la compagnie d'un officier de la maison de son père, de fumer un cigare de la Havane, en parlant *théorie* et *école de bataillon.* Des gens de mauvaise humeur prétendent qu'il se montre trop ; qu'il va danser chez le premier venu ; que cela permet aux méchans de supposer des anecdotes inconvenantes, d'inventer des propos qu'on n'a jamais tenus... Je répondrai par ce vers de La Fontaine :

<small>On ne peut contenter tout le monde et son père..</small>

Quant à moi, je ne m'arrêterais pas à ces futilités, si j'étais assez heureux pour apercevoir dans ses actes, dans ses paroles, et même dans ses gestes, quelque étincelle de ce feu sacré qui animait les Frédéric II et les Napoléon ; si j'entendais répéter de lui une de ces phrases incisives qui font battre le cœur, telles qu'Henri IV les prodiguait dès sa jeunesse ; si par un peu de fougue, si par des faits chaleureux il attirait impérieusement les yeux de tous et y appelait les larmes : Son Altesse royale, de ce côté, s'écoute trop... J'oublie qu'elle n'aime pas l'enthousiasme. Naguère, Lyon en révolte bouillonnait à plein bord ; on y a envoyé le prince... Il en est revenu...

et on a osé faire une caricature sur ce voyage... Ah! si le prince, en sortant de Lyon, avait eu de la peine à s'arracher à l'amour, à la reconnaissance des habitans; si toute la ville, ivre de bonheur, l'avait accompagné, par-delà les portes, le crayon satirique serait tombé des mains de l'artiste, ou plutôt il aurait esquissé cette scène sublime... Et il dépend toujours d'un prince qu'une scène pareille se renouvelle; mais il faut qu'il le veuille bien, et que son âme, en de telles circonstances, s'épanche sur ses traits, dans ses paroles, et surtout en ses actions. Au demeurant, il y a dans le prince royal un courage calme et des vertus tranquilles, qui dédommageront de ce brillant qu'il ne possède pas.

On croit au duc de Nemours une vivacité intérieure qui paraît éclater sur sa figure mobile; il est de petite taille, bien fait, et très-gracieux d'aspect; ses traits s'animent facilement, son regard a de la portée, et il y a de la finesse spirituelle dans son sourire habituel. On le dit impétueux; on le trouve *très-prince:*

tant mieux ; on peut être prince dans ses formes, dans ses manières, et cependant plaire à la multitude. Que la familiarité de Napoléon était respectable ! et combien, lorsqu'il consentait à descendre, on apercevait toute sa hauteur ! Les princes vulgaires ne savent pas qu'autant sont ridicules le républicanisme des poignées de main et la soif politique, toujours prête à s'étancher dans la première gourde qu'on leur présentera, autant l'est encore cette morgue perpétuelle, cette roideur qui n'est pas de la majesté.

Le duc de Nemours (Louis-Charles-Philippe-Raphaël) est né à Paris le 25 octobre 1814. Il y a bientôt deux ans que son père refusa pour lui une couronne qui lui était offerte, à la majorité, il est vrai, d'une voix, et que, pour accepter un royaume ou une présidence accordée si petitement, il faut être le respectable M. Girod de l'Ain. Cependant, et dans cette circonstance, on doit dire que plus des trois quarts des voix se seraient réunies sur le duc de Nemours, si les émissaires d'un gouvernement étranger n'avaient sollicité contre ce prince avec une sorte de fureur qui tenait de la rage. Or, ce gouvernement était... celui de France. Et pourquoi, s'il vous plaît ? parce qu'on avait promis la Belgique à l'Angleterre, pour prix de la reconnaissance que le cabinet de Londres soutiendrait du système admis ici depuis le 29 juillet 1830. La chose fut poussée si loin, qu'à cette époque j'ai vu, dans une lettre écrite par un agent français en activité de service à Bruxelles, la phrase suivante :

« Enfin, j'ai eu le bonheur de concourir au
« désagrément apparent que la voix unique
« de majorité jette sur notre famille royale.
« Je sais qu'on aurait eu une douleur extrême
« d'une élection honorable. Nous avons réussi
« à déconsidérer la France. Le ministère nous
« en récompensera bien, car nous avons rem-
« pli toutes ses intentions. »

Jamais diplomate n'eut franchise plus naïve; aussi celui-là s'était introduit aux relations extérieures de même que le comte Sébastiani à l'Hôtel-de-Ville, par adresse et non par habileté. Jamais, au demeurant, il ne fut acte plus impolitique que celui-là. Je sais que depuis il a été question de placer le duc de Nemours sur un autre trône, en lui faisant épouser une jeune reine, celle de Portugal; la proposition officielle en a été faite; mais ici encore l'Angleterre a mis son vote d'opposition, et on n'a pas osé aller contre la volonté impérative de l'Angleterre.

Je consacrerai un chapitre tout entier à traiter des rapports politiques de la France et de l'Angleterre, depuis 1789 jusqu'à ce jour.

Le duc de Nemours est donc jusqu'ici malheureux en royautés : il ne manque pas; mais on le fait manquer à toutes celles qu'on lui présente : et je juge à sa mine que, s'il pouvait en saisir une, il ne la lâcherait pas facilement; c'est l'opinion générale. Les hommes aiment ses gestes brusques; les femmes les éclairs que lancent ses yeux : il y a de l'avenir pour le duc de Nemours.....

François-Ferdinand-Philippe-Louis-Marie

d'Orléans, prince de Joinville, est né à Neuilli le 14 août 1818; c'est à peine un adolescent: on lui destine la grande-amirauté de France. Il a fait l'an dernier sa première campagne, non sur mer en entier, mais beaucoup à terre. On le menait de port en port. La courtisanerie a reparu triomphante à sa suite. Il en est résulté des sottises, des ridicules et du désagrément. Le jeune amiral, naïf et ouvert, disait le mot d'ordre à qui voulait l'entendre; et en mer, un jour de révolte sur le pont, ses surveillans l'ont trop vite fait descendre à fond de cale. Tenez pour certain qu'en fait de bassesse, un libéral qui s'en mêle est encore au-dessous d'un flatteur d'autrefois. Les hommes de l'ancienne cour redoutaient le déshonneur qui naît de la moquerie; ceux de l'époque présente ne connaissent que l'argent: or, pour en avoir, on ne peut jamais courber assez la moëlle épinière. Je cite en preuve tous les parvenus qui se sont établis dans les palais royaux. Charles X a trouvé autour de lui des voix indépendantes; il en est qui lui ont résisté : je serais charmé de savoir qui parle vrai et ferme dans les Tuileries renouvelées. Hélas! dès le premier jour de l'Hôtel-de-Ville, la foudre tomba sur le général Dubourg, qui osa donner un avis sage. Ne nous en étonnons pas : là où le pouvoir survient, la flatterie naît avec la même spontanéité.

J'espère que le prince de Joinville, livré à lui-même, se montrera plus avantageusement qu'on ne l'a montré, et que sa seconde campagne sera autre chose qu'une partie de plaisir. Quant à Son Altesse royale elle-même, on ne prévoit pas encore ce qu'elle sera un jour : elle a un grand fond de bonté, de douceur, d'obligeance et de grâce ; elle se plaît à dire des choses bienveillantes, à se montrer sous des dehors agréables.

Vient ensuite le duc d'Aumale, Henri-Eugène-Philippe-Louis d'Orléans, né à Paris le 16 janvier 1822; c'est un enfant qui peut donner des espérances : il est destiné à recommencer la maison de Condé. Le duc de Bourbon, qu'on dit s'être pendu, et que je crois avoir été assassiné, l'a appelé, par son trop fameux testament, à recueillir sa riche succession, et à porter le nom illustré par tant de beaux faits d'armes. Ce sera un fardeau pesant; je souhaite que le duc d'Aumale ne plie pas sous lui.

Ceci me ramène à un cas qui m'a surpris. Nul n'ignore la part, active ou passive, que le duc de Rovigo a prise au meurtre du duc d'Enghien : n'est-il pas extraordinaire qu'au moment où le duc d'Aumale vient d'hériter du père de ce malheureux prince, si lâchement immolé, je tranche le mot, ce même Rovigo eût été promu à une charge des plus importantes du royaume (celle de gouverneur d'Alger) par le père de celui qui recueille la succession du duc d'Enghien ? C'est assurément le résultat d'une distraction, car il y a des convenances dont on ne s'écarte jamais; et qu'en outre la nullité de M. Savary est chose tellement démontrée, que le salut d'Alger n'a pu, en aucune manière, tenir à la nécessité de son commandement. Il n'y a pas de sottise que le ministère du 13 mars n'ait faite; celle-ci n'est pas la moindre. Le duc d'Aumale apprend à tourner; c'est un délasment très-convenable. Il a beaucoup de vivacité, une naïveté précieuse; il annonce un esprit peu étendu, mais qui aura des qualités précieuses; il sent déjà le prix de l'amitié, écrit fort bien une lettre, et est, par ses traits, heureusement partagé de la nature.

Le prince de Montpensier, Antoine-Marie-Philippe-Louis, est né à Neuilli le 31 juillet 1824. C'est lui qu'Hersent a peint, au dernier salon, accroupi sur la terre, et sous le costume modeste d'un petit Auvergnat. Ce tableau a eu du succès, et à cause de l'art du peintre, et par suite de la charmante figure et des grâces naïves de l'enfant. La simplicité plaît toujours, et surtout à son âge. Sans doute que le vêtement dont on l'a revêtu lui rappellera, plus tard, ces pauvres infortunés qui vivent si durement dans Paris, et qu'il tiendra à se conserver leur protecteur; ce sera un digne emploi, très-royal, et fort au-dessus de celui qui consiste à cajoler des boutiquiers, pour la plupart fripons avec escroquerie. On rapporte du prince de Montpensier des traits qui préparent à la manifestation d'un caractère assez rare dans certaines familles, celui qui repose sur de la fermeté. Je citerai une seule anecdote à ce sujet.

Peu de temps après la révolution de juillet, une fantaisie martiale s'empara de toute la jeunesse de Paris; elle descendit jusqu'aux enfans, et ceux de la famille d'Orléans cédèrent à cette mode non moins que les autres. Ils organisèrent dans l'intérieur de leurs appartemens une compagnie de garde nationale, composée d'eux, de quelques élus, et d'un choix de gens à leur service. Ce fut une ferveur de service sans égale, une perpétuité de marches, de contre-marches, de revues, de parades incognito, qui ne se ralentissait pas.

La reine, mère excellente, et toujours portée à satisfaire les siens, imagina, avec les princesses ses filles, de broder un drapeau, et d'en faire cadeau au bataillon imberbe et patriote. Le jour est pris pour la cérémonie d'usage, celle de prêter serment au drapeau, et qui, faute d'étendard, n'avait pas eu lieu encore. Au moment où elle va avoir lieu, on apprend que le prince de Montpensier se refuse à y participer. On s'enquête des motifs, il se tait; on le presse, il garde encore le silence; on le met en prison, attendu *la rigueur de la discipline militaire;* il se laisse punir, et ne cède pas : enfin, à force d'essayer de lui arracher l'aveu de la cause de son caprice, il finit par déclarer qu'il ne peut traiter légèrement une chose sérieuse; qu'il est *soldat vrai,* et pas pour rire; et qu'en conséquence il ne consentira jamais à prêter serment à un drapeau brodé par des femmes. Il entremêle ceci de paroles de tendresse pour sa mère et ses sœurs, mais persiste dans la rigueur de son refus. Enfin, après nombre de supplications, d'explications et d'éclaircissemens qu'on lui adresse, il vient au drapeau, et, l'épée tendue vers lui, prononce ou plutôt mâchonne le serment de si mauvaise grâce, qu'autant aurait valu qu'il ne le prêtât point.

Le prince de Montpensier a une physionomie très-expressive, de beaux yeux fort animés; il est adoré dans son intérieur; sa vivacité est remplie de charme : il serait cruel que la flatterie citoyenne gâtât un aussi heureux naturel. On cherche à bien élever ces princes; on les rapproche des simples particuliers, en les envoyant au collége faire leurs classes : on les ménage peu dans l'intérieur; ils couchent dans des lits de sangle, sur un seul matelas; on les accoutume de bonne heure aux privations que les révolutions entraînent après elles. Ils s'aiment entre eux; c'est un grand point : la politique abominable des subordonnés ne les rend pas ennemis réciproques. Ils vivent bien en famille, sans façons, sans cérémonie; leur mère les caresse, les soigne en santé et en maladie, ainsi qu'on le fait dans la modeste citadinance : si bien que, de part et d'autre, il y a un perpétuel échange d'amour, de tendresse qui plaît au cœur.

Les trois princesses, dont je ne me permettrai de montrer que les grâces naïves et la beauté sans prétention, sont fort bien de figure; on ne tarit pas sur leurs qualités privées; ceux qui les approchent leur désirent toutes sortes de bonheur, et surtout des maris dignes de leurs vertus et de leurs charmes. Celui qu'on destine à la princesse Marie (MADEMOISELLE) sera-t-il assez heureux pour procurer à sa jeune épouse toute la somme de bonheur qu'elle est en droit d'attendre? Sa position, ce me semble, est bien précaire. La couronne qu'il porte tient uniquement à celle de la France; et si la France, changeant de politique, ne le soutenait plus, que deviendrait-il? que deviendrait sa femme? La Providence, peut-être, résoudra avantageusement cette question majeure.

Les trois princesses sont nées : Mlle d'Orléans, le 3 avril 1812, à Palerme; Mlle de Valois, à Palerme aussi, le 12 avril 1813, et Mlle de Beaujolais, à Neuilli, le 3 juin 1817.

Elles ne quittent jamais leur mère, qui a constamment présidé à leur éducation, et qui peut se glorifier des résultats qu'elle a obtenus. Heureuse au milieu de ce groupe charmant, environnée du reste de sa famille, il y a eu naguère une époque toute de bonheur pour elle; époque d'où l'avenir devait lui paraître rayonnant, où les illusions les plus légitimes pouvaient faire battre son cœur, en le remplissant d'espérances flatteuses. Aujourd'hui, qu'elle a obtenu ce qu'elle ne souhaitait, je suppose, que dans ses rêves, sa prospérité est-elle sans mélange d'amertume? et depuis qu'elle est *heureuse comme une reine*, ne connaît-elle pas ces angoisses, ces larmes, ces inquiétudes qui jusqu'alors l'avaient laissée en paix? et sa haute piété, comment s'accommode-t-elle de ces sacriléges journaliers, de ces bris de croix, de ces actes coupables contre une religion qu'elle professe avec tant de ferveur, de ces paroles impies dont on entoure le trône de son époux? Enfin, ne se souvient-elle plus de la joie que la famille d'Orléans éprouva, lorsqu'au duc de Chartres fut promise la main de MADEMOISELLE, de MADEMOISELLE, fille du duc de Berri?

CHAPITRE V.

L'Argent.

L'argent, astre influent sur l'époque présente. Ce que c'est que l'argent à Paris. Un voleur loué dans *le Moniteur*, après le vol reconnu. Les banquiers de Paris venant à l'aide d'un voleur. Intrigues honteuses. Mot d'or d'un maréchal, à propos d'argent. M. Girod de l'Ain. Le libéral spéculateur. Mystères à révéler, et auxquels le baron Rothschild est mêlé.

> .... *Quid non mortalia pectora cogis*
> *Auri sacra fames!*
> (VIRGILE, *Énéide*, livre 3.)
>
> Détestable soif de l'or, quels crimes ne forces-tu pas l'homme à commettre !

Au temps de Charles X, le château des Tuileries était, dit-on, sous l'influence jésuitique, c'est-à-dire de l'ordre du clergé : il est sous l'influence, aujourd'hui, de l'argent. Il faut le dire, l'argent est l'unique dieu de l'époque, toute *harpagonienne,* et qui, dans sa majorité, n'hésiterait pas à se laisser fouetter pour un quart d'écu. Gagner de l'argent est le seul but qu'on se propose dans tous les actes de la vie. Le dévouement, par exemple, est une lettre-de-change tirée sur le prince, et qu'il doit acquitter à vue. Lorsqu'on l'assure d'un amour sans bornes, on lui dit, en termes clairs : « Que me donnerez-vous ? ou combien me donnerez-vous ? » Il n'en est pas un de ceux qui se pressent autour de lui qui n'ait tiré de la restauration le meilleur parti possible, et qui n'ait mangé avidement au ratelier de la légitimité ; car cette légitimité, tant conspuée, s'est laissé dévorer par qui l'a voulu, et, à chacune de ses phases, elle a eu des gens de bon appétit qui ont fait d'elle leur curée.

Ceux-là sont devenus les meilleurs appuis de la royauté citoyenne; ils en ont, dans le commencement, tiré de bonnes plumes : maintenant, ils la rognent tant qu'ils peuvent, parce que la fidélité et l'attachement sont une branche de commerce qu'on exploite aussi bien sous la raison Philippe et compagnie, que sous celle Louis XVIII et Charles X.

L'argent!! il faut être en France et à Paris pour concevoir la puissance magique de ce mot, pour apprécier tout ce qu'il a de doux et de fort, de suave et d'entraînant. L'argent!! oh! comme il fait battre le cœur! quel courage il donne! quelles pensées généreuses il inspire! La gloire, autrefois, faisait des héros: aujourd'hui, c'est l'argent; c'est pour lui qu'on aime, qu'on se bat, qu'on soutient des trônes, qu'on vend sa personne et son âme, qu'on avait de la religion sous le dernier règne, et qu'on n'en a plus sous celui-ci; qu'on souffre les humiliations du dehors et du dedans, le blâme des concitoyens, les procès honteux, les charivaris, les dédains de la vertu... L'argent!! oh! qu'il est bon d'en avoir! et que celui qui en a est respectable! Voyez tous les yeux des courtisans tournés non vers le roi, mais vers la Bourse; voyez les Tuileries envahies par les courtiers, les agens de change, les marrons, les coulissiers; les ministères changés en succursales de celui des finances. Partout on fait des affaires; tout est prenable; on peut gagner sur tout. Les fournitures, les entreprises se multiplient; les impôts s'accroissent dans une proportion effrayante. Le commerce expire; qu'importe? il faut que l'argent vienne par jeu à coup sûr, pot de vin, prime, actions sans achat. L'essentiel est de gagner beaucoup et vîte; car, qui sait ce qui adviendra demain, et à qui il faudra s'adresser pour avoir sa part de l'idole?

C'est un enivrement réel que cette faim, que cette soif de l'argent; elle a tellement rompu les barrières de la décence, qu'elle éclate sans aucune retenue. Il a fallu, en effet, avoir toute honte bue, pour que le journal officiel, *le Moniteur,* osât entonner l'éloge d'un voleur, à l'instant précis où il mettait la main dans le sac; pour que la police, au lieu d'arrêter ce voleur, se soit effacée, afin qu'il gagnât la frontière; pour, enfin, que le commerce, qui ne rougit plus de rien, ouvrît publiquement une souscription pour venir à l'aide de ce voleur, une souscription qui a dépassé un million dans vingt-quatre heures, et où figure pour cent mille francs tel banquier qui a trouvé dans son portefeuille à peine mille écus, quand il a été question de sauver Paris des fureurs du choléra.

Voilà où les Français en sont venus. La révolution de juillet, semée par le désintéressement des pauvres, a produit en résultat une manie d'argent dont on ne trouve pas d'exemple. Jamais on ne s'est précipité sur tout ce qui rapporte avec une pareille rage; jamais le désir de gagner ne s'est montré plus dégoûtant, plus hideux. Il y a eu chez les libéraux un débordement de dénonciations, de calomnies, de mensonges, d'infamies, de menées hideuses, d'intrigues sales, de vente et de revente publique de tout ce que l'Etat donnait gratis, dont n'approchèrent pas, en 1815, les insatiables de la restauration. On a vu des marchés établis dans certains salons bien connus, de places, de pensions, de décorations et de dignités; des fortunes s'élever plus scandaleuses par leur cause que par leur immensité ; et encore, lorsque la voix de la nation stygmatise quelques misérables souillés dans leur père, dans leurs maîtresses, dans eux-mêmes, ces misérables-là, loin d'être punis, ou tout au moins jetés violemment à l'écart, menacent la nation de s'emparer du maniement de ses finances ; et cela peut avoir lieu aujourd'hui ou demain.

L'argent étant donc le seul mobile du gouvernement (car à part le roi dont le désintéressement est au dessus de tout éloge, qui n'en veut pas autour de lui ?), les hommes dont l'influence a du poids aux Tuileries ne voient en général dans l'administration que l'avantage des places lucratives, que les sommes qu'elles peuvent rapporter. Aussi on a vu au milieu de la Chambre des députés un grand personnage s'écrier avec une franchise digne des temps antiques : *Je renoncerai plutôt à la vie qu'à mon traitement.* Eh monsieur ! qui en doute ? Ne sommes-nous pas venus à une époque où l'honneur est dans l'argent ?

La majorité de cette même Chambre vous a écouté avec un respectueux amour; vous exprimiez si bien la pensée de cette majorité! Son vertueux président, par exemple, une voix ne lui a-t-elle pas paru suffisante pour accepter un fort traitement? et lorsqu'on a réduit celui-ci, n'a-t-il pas laissé échapper des paroles d'indignation sur ce que, le jugeant au dessus de son siècle, on voulait le faire rétrograder vers le désintéressement des d'Aguesseau et des L'Hôpital? C'est chose connue. Plus tard, il a vu un peu plus de numéraire dans les fonctions ministérielles, et il les a préférées; c'est dans l'ordre, cela doit être. Je connais un honnête homme qui, depuis Napoléon, va de place en place, n'importe dans quelle partie, pourvu qu'elle soit de cent ou de deux cents francs mieux dotée que celle qu'il cède. On sait ce manège dans le ministère : eh bien! chacun lui porte un intérêt particulier. C'est l'homme du siècle, dit-on, l'homme type, le doctrinaire positif. Il ne voit que l'argent; donc il voit bien.

Je soulèverai quelque jour le voile qui couvre le mystère de certaines opérations de Bourse qui enrichissent force héros, sauveurs, fidèles, intrépides et surtout désintéressés; on verra comment une compagnie assez nombreuse de banquiers, princes, maréchaux, ministres, gens de haute et de basse volée manœuvrent à l'aide du télégraphe de la poste et de la diplomatie. Le jour viendra sans doute où le baron Rotschild sera invité à ouvrir son carnet secret, où force lui sera de faire briller à la lumière de la publicité les noms de ceux qui lui font faire des opérations à jeu sûr. Alors éclatera le mystère de *la meilleure des républiques*, de ce gouvernement à bon marché qui écrase la nation française sous une masse d'impôts comme jamais elle n'en a payé de pareils. Il faudra expliquer comment avec tant d'économie les dépenses ont dépassé celles de cette légitimité si prodigue, qui a payé les dettes de tous les gouvernemens, et qui n'a pas légué les siennes à la France.

CHAPITRE VI.

Quelques Hommes.

La camarilla en permanence aux Tuileries. Dialogue dans un jardin. Baron Athalin. Ses consignes. Vicomte de Rumigny. Comte de Laborde. Les Larochefoucauld. M. d'Harcourt. M. Vatout. Ses travaux. La camarilla au grand jour. Prince de Talleyrand. Duc Decazes. M. Guizot. Mot de Louis XVIII. Duc de Bassano. Les philosophes. Duc de Broglie. Mot de Mme G***. Maréchal Gérard. M. Thiers. M. son père. Mme ***. M. Dupin.

> Défie-toi de l'eau des citernes.
> (Sée-Ma-Koung.)

Il est des gens assez malicieux pour prétendre que les Tuileries, sous la monarchie citoyenne, ont leur camarilla ainsi qu'elles l'avaient pendant le règne du dernier roi. Quant à moi, je le nie. Louis-Philippe est un trop grand prince pour que des hommes plus que médiocres l'influencent dans ses résolutions. Il a dans le caractère trop d'énergie et de fixité; rien ne lui déplaît comme le commérage, la jacasserie, le parler perpétuel; il cause peu et toujours brièvement; il ne change pas un projet qu'une fois il a médité, et surtout il est loin de cette loquacité filandreuse, alongée, redondante, qui se perd en paroles inutiles et ne conclut jamais. On voit sans peine à la grandeur de ses conceptions, à la célérité avec laquelle il les exécute, que nul parmi ses intimes n'agit sur lui; car si la chose était, qui pourrait lui insinuer les grands actes de son règne et toutes ces actions si admirables qui en font l'amour du peuple français et la terreur de l'étranger?

Toutes ces choses bien examinées me rendent impossible la croyance d'une camarilla aux Tuileries actuelles; ceux qu'on désigne pour en faire partie sont des personnages de bonne intention et de menu mérite politique; il n'en est pas un capable de faire sa partie avec le plus mince diplomate étranger; ainsi, je suis persuadé que la camarilla du château est une invention de ceux résolus à tout empoisonner.

J'ai eu à ce sujet une conversation assez piquante avec M. de C***, qui croit à la camarilla un peu plus qu'à un article de foi, quoique pourtant il soit fort bon catholique. Avant hier je traversais la terrasse de l'eau, quand M. de C*** se présenta à moi; il venait du faubourg Saint-Germain, et par conséquent de très-mauvaise humeur contre les mesures présentes. Aussi du plus loin qu'il me voit, et sans s'embarrasser d'un factionnaire voisin, garde national assez malencontreux pour ne pas avoir encore la croix de la Légion-d'honneur :

« Eh bien! me crie-t-il, la camarilla vient de faire une furieuse école.

— « Laquelle? demandais-je sans réfléchir.

— « Ah! *signor Marchese*, reprit-il avec vivacité, je vous y prends, vous ne niez donc plus que la camarilla existe, puisque vous ne me demandez que le signalement particulier d'une de ses sottises ? »

Je vis à ce propos où je m'étais enferré; et revenant sur ma phrase imprudente, je dis : « Vous appelez camarilla ce que je nomme ministère; il y a confusion de nom, quoique identité de personnes. »

Il se mit à rire.

« Non pas, non pas, s'il vous plaît, je ne brouille rien; à chacun sa part. Le ministère a dans la sienne de sanctionner de son seing les extravagances que l'on invente dans ces combles. »

Et le doigt tendu du chevalier de C*** désignait les mansardes du château : « C'est là que l'on élabore péniblement tout ce qui fait siffler le ministère à grand orchestre; c'est là que l'on a la prétention de gouverner, en dépit des lois et de la prudence.

— « Mais qui a cette prétention ? Voulez-vous que je passe en revue les habitans de cette maison ? Sera-ce par exemple le général baron Athalin, en fonctions de grand-maréchal du palais, ami des arts, dessinateur de la première force, faisant à ravir une lithographie, aimé, estimé de ses camarades par sa bonhomie et son laisser-aller? Où voudriez-vous dans sa vie toute militaire ou toute d'artiste qu'il ait trouvé le loisir d'étudier la science du gouvernement? Vous le soupçonnez peut-être occupé aujourd'hui à résoudre une question d'Etat : je gage qu'il travaille au voyage pittoresque de France. Vous voyez que dans la course qu'on lui fait faire, au début de la monarchie citoyenne, il n'a eu que du désagrément; aussi est-il revenu bien vite, et il a laissé la diplomatie de côté. Je ne lui ferai qu'un reproche : c'est la bizarrie des consignes qu'il donne. Par exemple, du temps de Charles X, qui, comme vous le savez, pesait sur son peuple de toutes manières, les abords des Tuileries étaient bien plus faciles que ceux du Palais-Royal; grandes, moyennes, petites portes, aucune n'était fermée; maintenant le baron Athalin chasse le public du jardin une heure avant la nuit. Il permet, il est vrai, que la nation traverse la cour par la ligne perpendiculaire tirée de l'arc-de-triomphe à la porte du pavillon de l'horloge; mais il met une fermeté, une énergie digne de son grand caractère, à ce qu'elle ne la parcoure pas diagonalement; c'est-à-dire du guichet de la rue de Rivoli à celui du pont royal.

« Cette pauvre nation en est toute désappointée, et peste dans son dépit contre le roi, qui au contraire, loin de lui fermer les portes, les lui ouvrirait toutes, comme il leur ouvre sa bourse et son cœur. Tandis que le mécontentement du *souverain des trois jours* devrait s'attacher à la fantaisie inexplicable du baron Athalin, on lui fait part des murmures; il lève les épaules, il persiste, et voilà toute la part, je présume, qu'il prend dans l'action du gouvernement. »

Quant à moi, après cette longue période bienveillante, puisqu'elle avait pour but de laver un innocent, je repris haleine; et le chevalier de C*** sans m'ôter la parole, s'accorda une prise de tabac : je me remis à pérorer sur nouveaux frais.

« Sera-ce le vicomte de Rumigny à qui vous accorderez les épaules nécessaires à l'Atlas constitutionnel? là.... franchement, est-ce sa taille, son rôle, lui gracieux, bienfaisant, méticuleux, noyé par devoir dans une foule de détails qui le dérobent à tous les yeux, lui qui passe pour un bon, un excellent homme? .... Et vous en feriez un politique, un arrangeur, un donneur de conseils!.... et l'étoffe, l'étoffe!... Je présume que votre malice ne s'attachera pas à cet excellent comte de Laborde, incapable de rien conseiller, lui si heureux du pardon que Louis-Philippe daigna lui accorder à la suite de la reculade, lors des fameuses signatures de l'acte d'association nationale. J'accuserai plutôt Odry d'avoir de l'influence, que de chagriner M. de Laborde par une telle allégation. Et les Larochefoucauld, si bien divisés dans une famille si unie, qu'il y en a toujours quelqu'un en pied dans le parti triomphant! Et ce petit et spirituel d'Harcourt! les Houdetot, vous savez si on va leur demander ce qu'ils pensent! Quant à M. Vatout, ce chef de la littérature moderne, et qui, par ses admirables ouvrages, s'est placé si haut dans l'opinion publique, tenterait-il d'influencer le gouvernement en opposition aux idées libérales? Cela ne peut être. N'est-ce pas le plus simple, le plus modeste, le moins ambitieux des hommes? Souhaite-t-il les honneurs, les charges? Non, il demeure derrière la toile, éclairé de sa gloire; il fait de gros livres avec de petites notices biographiques; il cause avec le roi, sans doute, mais ce n'est que sur des matières appropriées à son genre d'esprit. C'est lui, j'en conviens, qui provoque la haute protection dont on environne les lettres et les arts; lui qui fait porter à des sommes si énormes les pensions de ses confrères: à Lamartine, à Hugo, à Dumas, ou à tous ceux qui leur ressemblent. C'est lui qui fait acheter en si grande multitude les statues et les tableaux, qu'on n'en trouve plus chez les artistes. C'est par lui que s'écoulent les flots d'or dont on alimente nos peintres, nos sculpteurs de première classe. Oui, c'est en ceci que M. Vatout a de l'influence, et qu'il s'en sert si magnifiquement; et quand les théâtres royaux succombent de toutes parts, qui gémit sur leur ruine? c'est encore M. Vatout. »

J'étais à tel point emporté par mon enthousiasme pour cet homme de lettres, que je ne m'aprecevais pas que l'enrouement me gagnait. Le chevalier de C*** le devina, à la difficulté avec laquelle les derniers mots sortirent de ma bouche; et lui alors saisissant la la balle au bond :

« A mon tour, dit-il, car j'ai assez pris patience; vous êtes aujourd'hui dans votre humeur bonace, et d'un optimisme..... A vous entendre, on croirait que les gens capables sont les seuls à vouloir conseiller que les autres ne s'en mêlent jamais, que chacun surtout se renferme dans sa spécialité déterminée. Ah parbleu! vous me la donnez belle, avec cette simplicité apparente dont je ne suis pas la dupe, entendez-vous!

— « Bien obligé; » et je le saluai le plus humblement possible... Mais lui, lancé à son tour, continua :

Ainsi donc, par cela seul que vous ne trouverez pas sous votre première main MM. de la camarilla, vous soutiendrez que celle-ci est une chimère. Où sont vos yeux, vos oreilles, votre entendement, *signor Marchese?* n'en faites-vous aucun usage? Non, mort-Dieu! les hommes ne manquent pas à ce pandémonium gouvernemental, à cette influence secrète qui se cache partout derrière les trônes, et qui les domine. La camarilla actuelle est dans la route de sa devancière; elle conduit le prince vers un abîme creusé d'après les mêmes règles que celui où la restauration s'est engloutie. Voulez-vous que je vous la montre, cette camarilla, si palpable qu'elle est visible à l'œil et au doigt, que je vous fasse lire à livre ouvert dans ses dogmes absurdes ? Les voici en peu de mots : Reculer le plus promptement possible vers l'ordre de choses aboli, reconstituer la monarchie légitime, vers laquelle mène si bien une *quasi-légitimité*, se procurer, en dehors de la Charte, ce que l'article 14 ne fournit plus; enfin étouffer sous des mots captieux, et à l'aide d'actes de force, cette souveraineté du peuple, cauchemar réel, dont la présence plonge au désespoir, tel est le travail de la camarilla, son grand œuvre, sa quadrature du cercle, sa monomanie permanente, et qui finira par la faire mourir sur le pavé dont elle est sortie en août 1830. »

Et le digne chevalier s'arrêta, car nous cheminions toujours. En nous rapprochant du château, je me tournai vers lui; et prenant un air tragique, je lui adressai le vers suivant:

« Vous plairait-il, seigneur, me nommer les coupables?

— « Ne les connaissez-vous pas comme moi?

— « Et on accuse le ministère, qui, à vous entendre, n'administre pas.

— « Il obéit, c'est sa tâche.

— « A qui?

— « A l'influence des conseillers de la couronne.

—« Qui sont-ils ?

— « MM. de Talleyrand, Decazes, Bassano, Guizot, Broglie, qui pilotent au gouvernail... Aussi, vous voyez comme va la barque.

—« Ah! maintenant, répliquai-je, la mauvaise humeur ou la rancune vous emporte; vous avez mêlé malignement des capacités et des nullités; et néanmoins, en pesant le fort et le faible, je trouve dans ce gâchis des réputations européennes.....

— « Lesquelles ?

— « D'abord, en tête, l'ancien évêque d'Autun.

— « Oui, je sais qu'on lui fait une belle part d'habileté : voyons à quoi elle a servi. M. de Talleyrand débuta par renier son Dieu, son roi, son ordre : qu'y gagna-t-il ? la proscription..... Plus tard, il vendit la France à Bonaparte, et parconséquent au despotisme militaire. On fait facilement de la diplomatie avec des auxiliaires tels que les batailles de Marengo, d'Austerlitz et d'Iéna. Il fut chassé, malgré son adresse, bien que le duc d'Enghien n'eût pu éviter la mort. Il se plaça, en 1814, à la tête de la révolution royaliste, qui se serait faite sans lui, parce que tous alors la voulaient. Il attira sur la France le bienfait de la seconde invasion. Permettez que les Français ne lui en sachent aucun gré : il s'associa avec Fouché!! Est-ce un acte louable? Il s'est vanté d'avoir, en 1815, quitté le ministère pour n'avoir pas à signer le traité de paix.... Menterie! il tomba parce qu'il était odieux à la famille royale, et que Fouché partant, il dut le suivre... Naguère il a reparu sur la scène, et cela, pour enlever la Belgique à la France, pour empêcher la France de secourir l'Espagne, la Pologne, l'Allemagne et l'Italie. Ses négociations, depuis cette époque, ont eu pour résultat unique l'abaissement national. Il a pu travailler dans l'intérêt d'une famille, mais dans le nôtre..... Il a de l'esprit, beaucoup d'esprit, de l'adresse ; et celui-là, non moins que les autres, est travaillé du choléra-morbus du siècle : il aime l'argent.

— « Adresserez-vous le même reproche au duc Decazes?

— « Il en est un assez cruel auquel il n'échappera pas..., l'ingratitude... Oh! que l'ambition est vile et dégradante! comme elle fait tout oublier! Voyez un petit bourgeois de je ne sais quel bourg de Gascogne parvenir, à l'aide de la branche aînée, aux plus hauts honneurs; la branche aînée tombe, le bourgeois pouvait s'ennoblir à l'aide de la reconnaissance. Eh bien! lui, au contraire, se renfonce dans sa roture, vous savez comment..... Qu'en arrive-t-il? qu'on lui impute tous les conseils de rigueurs contre la branche aînée; on en fait l'Achitophel de celle-ci. On affirme qu'il a seul provoqué les lois de mort, de bannissement; que naguère il insistait avec rage pour que la duchesse de Berri fût poursuivie sans pitié. C'est peut-être à tort qu'on le charge de ce poids terrible; mais il a manifesté tant d'ingratitude, qu'on se croit en droit de l'accabler. Et qu'a-t-il fait pendant son ministère, que d'aller d'un parti à l'autre, que d'offrir aux *ultrà* l'immolation des libéraux, pourvu que les *ultrà* l'admissent dans leurs rangs? N'est-ce pas lui qui a commencé son ministère par faire tomber les têtes à Grenoble à coups de télégraphe, et qui l'a fini par la loi des élections si anti-libérale? Le pied d'ailleurs ne lui a-t-il pas glissé dans le sang du duc de Berri? Enfin, ne nous a-t-il pas infligé Guizot..., le petit Guizot, ce nain auquel il a fallu le rachitisme de la révolution de 1830 pour que certains en fissent un géant...? Je ne voudrais pas de M. Decazes, par cela seul que la paternité politique du professeur Guizot lui est dévolue.

— « D'après l'opinion que vous manifestez avec dureté, repartis-je, il serait inutile de soutenir devant vous M. Guizot.

— « Dieu préserve un royaume, répliqua le chevalier avec une gravité renforcée, de retomber deux fois dans de pareilles mains. Jamais il n'a été fléau plus funeste que ces hommes à paroles dorées, à phrases sonores, et qui, mâchant toujours à vide, font croire aux imbécilles qu'ils mordent en plein. Vous rappelez-vous les discours *admirables* de ce petit Guizot après sa sortie du ministère? Oh! comme il parlait bien! il conseillait à ravir! Les centres en l'écoutant bayaient aux corneilles avec jubilation; mais on venait de le voir à l'œuvre, et à laquelle..... Oh! Providence, qui a oublié cette masse compacte de niais, d'imbécilles, de bas flatteurs, d'hommes sans talens, sans considération aucune, dont il fit ses auxiliaires, gens auxquels un seul examen était fait par cette question unique : *A quel point de perfection M. Guizot parvient-il dans votre esprit?* Les nominations s'ensuivaient par compère, par commère, par maquignonage. Jean-Jacques Guizot choisissait, et le ministre investissait du titre. De là sont venus ces fonctionnaires qui pèsent sur les départemens, hommes à qui la place convenait, et qui, certes, ne convenaient pas à la place. Dès le premier jour, M. Guizot fut enseveli sous les jupes de deux dames qui tinrent son portefeuille. Toutes deux beaux esprits, bien disantes, et qui poussèrent la jeune France où maintenant la France raisonnable a tant de peine à la voir; et lui, perdant la tête au milieu de la tourmente, allant de faute en faute, d'insurrection en insurrection, tomba par son propre poids hors du ministère, et derrière le trône où il est maintenant. Que Louis XVIII a bien su le peindre, quand il a dit:

« Lorsqu'on lit une brochure de M. Guizot, c'est un in-folio que l'on croit tenir. L'illusion est complète. »

— « Et le duc de Bassano! demandai-je, celui-là... » Le chevalier m'interrompant avec sa pétulance ordinaire, se prit à déclamer :

« Seigneur, Laïus est mort, laissons en paix sa cendre.

— « Comment! mort, m'écriai-je, M. Maret est plein de bonne vie, gros et grouillant...

— « Eh oui, reprit le chevalier froidement. Cette fois, il jouit du privilége de certains trépassés de l'époque, d'aller et de venir, de boire et de manger comme nous, et pourtant ils ne sont pas moins duement ensevelis aux yeux de nos contemporains, dans le sépulcre de leur nullité patente. Qui, parmi nous, se rappelle que le duc de Bassano fut au monde? qu'a-t-il fait depuis que l'empereur faisait sous son nom? Rien. Il s'est écrasé en reparaissant au jour. Allez, allez, monsieur le marquis, l'acte de décès de celui-là est très-légitime; c'est comme si vous me disiez que M. Villemain est encore en os et en âme sur cette terre, ainsi que le philosophe financier Cousin, et tant d'autres auxquels il n'a fallu que s'exposer à la chaleur dévorante du soleil de juillet, pour être réduits en momies. L'existence de ces gens-là était factice, elle reposait sur leurs vertus politiques, ou, pour mieux dire, dans leur opposition au gouvernement d'alors. On les croyait désintéressés, et ces messieurs n'étaient qu'un peu plus qu'avides. Aussi, dès qu'ils ont pu puiser au coffre, adieu le platonicisme, le stoïcisme, l'éclectisme. Ces philosophes austères sont devenus de francs mangeurs de places; et depuis on les siffle, c'est l'oraison funèbre obligée avec charivari, pour symphonie de toutes les grandes nullités du jour.

— « Et, par exemple, poursuivit le chevalier, toujours dans sa verve d'indignation, n'était-ce pas pitié que cette réputation d'homme habile faite depuis seize ans au duc de Broglie? Est-il au monde créature plus honnête et autant bornée? outre qu'assez fallacieusement, lorsque brillait l'étoile malfaisante de Decazes, le duc de Broglie, dans la seule espérance d'un ministère qu'on ne lui donna pas, trahit son parti avec une légèreté bien coupable. Vous rappelez-vous sa fameuse lettre au sujet de la souscription en faveur des condamnés politiques, où jamais on ne vit lâcheté politique plus criante, plus frêle, plus mesquine? Dès lors le duc de Broglie fut jugé par moi; je vis que l'ombre de sa belle-mère faisait tout son mérite; et son entrée aux affaires a mis au jour son impuissance. Mme G***, qui a dans l'esprit moins de bonhomie que de trait, appelle le duc de Broglie le *grand eunuque blanc de la restauration de juillet*, et M. Guizot le *petit eunuque noir* de la même époque;

le maréchal Gérard, qui a tant de crédit, le justifie par sa nullité complète. Vous avez vu comment il a désorganisé l'armée qu'il fallait remonter à neuf, vous connaissez son laisser-aller perpétuel, sa somnolence habituelle ; il conseille en dormant, et de ses rêves creux on tâche de faire des réalités solides. C'est encore un de ces héros de l'Hôtel-de-Ville, qui n'y sont venus qu'après le combat fini. Que voulez-vous enfin que j'attende d'un cabinet où M. Thiers est admis, et où le comte Lobau fait écouter ses inspirations. Le premier n'est-il pas un de ces cadavres auxquels, comme je vous le disais tantôt, il est accordé de se mouvoir tout comme nous autres vivans ? Le mettrez-vous aux finances ?... il y appelera M. son père, et Mme *** sera là aussi, elle ou une autre, n'importe. En général, les gens dont la fortune est faite en six mois de temps, nuisent toujours à la fortune publique. L'habileté particulière est un défaut, dans ce cas. Quel homme d'ailleurs que M. Thiers..... Son éloquence, si appropriée au moment, ne vaut rien dans les thèses générales; il groupe mieux les chiffres que les raisons; et quelle conviction peut inspirer celui qui parle autrement qu'il a écrit?

— « Au courroux qui vous anime contre tous les géans du jour, je vois que vous ne nous accorderez même pas M. Dupin.

— « A qui la faute? à lui ou à moi? Qui est, je vous prie de me le dire, l'ennemi le plus cruel de M. Dupin? N'est-ce pas M. Dupin lui-même? Il y a là esprit, pénétration, grandes vues, conception facile, éloquence entraînante, parce qu'elle est chaleureuse et pensée : on y trouve jusqu'à du génie; et où y en a-t-il, par le temps qui court? M. Dupin est enfin un véritable homme d'Etat. Eh bien! une fatalité perpétuelle et réellement déplorable, frappe tant de qualités par le caractère de celui qui les possède. M. Dupin travaille du matin au soir à démolir son importance, sa réputation : il ne manque à aucune sottise; il fait journellement des pas de clerc; le besoin en lui de cheminer par des voies tortueuses, fait qu'il se fourvoie sans relâche. Il veut être de tout, s'accrocher à tout, ménager tout, la chèvre, le chou, et ne s'aperçoit point, malgré sa haute perspicacité, qu'en intrigant ainsi, on finit par n'avoir ni le chou ni la chèvre. N'attendez jamais de lui une démarche franche et directe; il ne va au but qu'en décrivant des cercles, ou en zigzag; c'est de l'ivresse sans avoir bu de vin. Qu'en résulte-t-il? que M. Dupin ne trompe que soi ; que lorsqu'il croit cheminer à couvert, tous les yeux le regardent. Il a voulu aller au ministère par la cour et la ville, par les jésuites et les libéraux. Il l'a espéré pendant les trois journées de Charles X ou du peuple; et ces jours derniers, quelle école il vient de faire en ne se montrant pas à la Cour de cassation, en approuvant aux Tuileries la mise de Paris en état de siége, et en la blâmant dans *le Constitutionnel* : épée à double tranchant, mais qui n'a pas le fil; elle ne sert à personne, et par conséquent personne ne veut s'en servir. Néanmoins, il parviendra au ministère, car il est impossible que le gouvernement actuel se passe de lui; c'est aujourd'hui sa seule capacité : il n'en a pas d'autre. Les nullités qui lui en tenaient lieu sont tellement démoralisées, qu'on n'en veut plus même à la Chambre des députés. Que faire, en effet, de toutes celles que je viens de vous citer? M. Dupin, du moins jusqu'à ce jour, n'a fait que des fautes à lui personnelles; il n'a pas bronché dans un ministère; quand il y sera, nous verrons bien. »

Le chevalier de C*** s'arrêta... Je demeurai silencieux. Je réfléchissais à la position de la France, à laquelle je m'intéresse, car j'y trouve asile, si ce n'est repos. Cependant il fallait soutenir la conversation : nous la continuâmes sur la politique; étrangère et dans un autre chapitre, je révélerai ce que m'apprit mon interlocuteur.

CHAPITRE VII.

La Cour actuelle.

Au profit de qui la révolution a été faite. Les femmes de marchands et de la petite robe en conspiration contre la branche aînée. Comment on a trompé le peuple. Qui sont les vrais ennemis de la noblesse ou des autres. Orgueil de l'aune et de la plume. Elles tendent à introduire le régime des classes. Elles abhorrent le peuple. Comment la cour aujourd'hui est composée. Prétentions ridicules de ceux qui sont de la cour. Peinture de cette cour en exercice. Ce que le peuple dira un jour.

> Ote-toi de là que je m'y mette.
> (*Proverbe.*)
>
> Ne voulez-vous pas un de ces jours venir voir avec votre fille le ballet de la comédie que l'on fait chez le roi?
> (Molière, *M. Jourdain*, acte III, scène v.)

« Savez-vous pourquoi la révolution de juillet a été faite uniquement? — Mais par respect pour la loi violée, en haine de la branche aînée, de la religion, que sais-je?—Vous n'y êtes pas : il s'est agi de remplacer au château les Montmorenci par les Laffitte, les la Trimouille par les Mérilhou, les Bourbon Busset par les Gros-d'Avilliers, les duchesses de l'ancien régime par les marchandes, les notaresses et procureuses de l'époque ; c'est là, je vous en réponds, le fond de la pensée des trois journées. — C'est une plaisanterie. — C'est une vérité inattaquable, et qui surgit à plein bord.

Il est en France une maladie plus contagieuse que toutes les autres, celle de se montrer en bon lieu : elle couvait avant 1789, elle fit éruption pendant le temps intermédiaire, et depuis la restauration, elle était devenue générale; il a bien fallu qu'elle dominât. Les *grosses madames* de Paris (j'entends par-là les femmes de comptoir et d'étude) ne pouvaient plus supporter la présence des dames de la cour; il leur était odieux qu'il existât dans l'enceinte de la grande ville *une maison* dont la porte leur fût fermée. Aussi y attachaient-elles perpétuellement leurs regards;

c'était pour elles la Jérusalem céleste, objet de tous leurs désirs, de toutes leurs espérances. Si quelqu'une d'entre elles y parvenait à la faveur d'un mariage, c'était pour les autres un plus rude crêve cœur : toutes prétendaient y faire une trouée en masse, afin d'y être admirées du commis principal ou du maître-clerc favori. Or, pour amener un tel ordre de choses, il fallait un renversement de l'ordre existant, et ces *belles dames* se mirent à conspirer depuis 1814 avec une persévérance qui fait honneur à l'énergie de leur caractère.

Le pauvre peuple, dont on parle toujours avec tant d'amour que cela dispense de lui faire du bien en réalité, le pauvre peuple, dis-je, fut excité contre la noblesse, qui certes ne le tourmentait guère, et qui le faisait travailler. On lui prouva qu'elle le dévorait à belles dents, et que, sans les avocats et les banquiers, il serait remis à la corvée. On lui laissa ignorer que ceux-ci, par exemple, avec plusieurs millions de fortune, ne payaient aucune sorte d'impôt, tandis que la noblesse les payait tous; que lorsque l'Etat ou le peuple, ce qui est la même chose, avait besoin d'argent, la Banque en prêtait à un taux usuraire; que si le pain, le vin, la viande, les denrées de première nécessité étaient hors de prix, cela provenait uniquement des monopoles, des accaparemens, des spéculations dévorantes du haut commerce, dont la noblesse, loin d'en profiter, souffrait autant que lui peuple. On parla de la morgue arrogante de la gentilhommerie, et on passa sous silence celle bien autrement insolente des gens d'étude ou de comptoir; ces manières impudentes, ces tutoiemens de mépris qui n'appartiennent qu'à la richesse sans naissance. Bref, on fit un ogre de la noblesse; et le bon peuple se crut mangé par lui, car le peuple est naïf et crédule. En conséquence, il se leva, combattit pour messieurs de l'aune et de la plume; et lorsque les gens d'autrefois eurent été chassés des Tuileries, alors la mercantillerie et la loquacerie se tournant vers le peuple, lui dirent de concert : *Canaille, rentre dans ta bauge!* et chaque fois que la canaille a depuis tenté d'en sortir, on l'a emprisonnée, assommée, mitraillée, tout comme on le faisait jadis, seulement alors avec un peu moins de brutalité.

On a diminué le prix des journées de travail de celle-ci ; on a augmenté les impôts ; et ceux qu'on a amoindris, je citerai celui du vin, ne l'ont été qu'au seul profit des marchands de Paris, et point du peuple, qui paie le litre au même prix qu'auparavant. Le pain est monté à une somme énorme, parce que le commerce spécule dessus, ce que ne faisait pas la noblesse quand elle gouvernait ; mais, en dédommagement, les manufacturières, avocates, etc., inondent les Tuileries, et s'y pavanent en grande cérémonie.

Le peuple, cette fois encore, a été dupe ; il n'a répandu son sang sur le pavé de Paris que pour changer d'espèce la courtisanerie. C'était autrefois des ducs, des comtes, des barons, des chevaliers et leurs femmes qui formaient la foule au château ; c'est aujourd'hui le gros épicier, le tailleur riche, le banquier, l'avoué, le notaire, l'avocat, le commissaire-priseur et *leurs épouses* qui circulent dans les Tuileries. Le peuple reste toujours à la porte ; car il n'entre dans ce lieu que lorsqu'il y traîne du canon : ceux qui s'y pavanent à sa place sont ceux qui le grugent en lui prêtant à la petite semaine, en lui rognant le prix de son travail pénible, en l'écrasant avec un dédain de chaque jour ; ceux qui épaulent M. Kesnner, le grand voleur ; ceux qui font vendre chaque jour le lit du malheureux, lorsqu'il ne peut solder son terme. Or, je demande à ce peuple, à ce monde de petits ouvriers, si, depuis que les marchands en gros vont à la cour, lui est invité à son tour à venir à la cour chez ces marchands de haut étage, s'il s'assied à leur table, s'il danse à leurs bals, s'il accompagne *ces dames* à la promenade ou dans leur loge aux Italiens.

Non ! non ! et cent fois non ! Le peuple vainqueur est toujours le prolétaire aux yeux de cette nouvelle et insolente noblesse ; il est là canaille hideuse qui blesse le regard et fait bondir le cœur ; il n'y a aucune familiarité, aucun rapprochement entre lui et ceux dont il a fait l'illustration ; on le hait, on le méprise, et on le lui prouve lorsqu'on peut tomber sur lui.

La révolution de juillet, pour être conséquente, aurait dû étendre la cour à tous les quartiers de la ville ; car si on ne veut pas de noblesse noble, je ne sais comment il peut y en avoir une intermédiaire. L'égalité existait dans la noblesse d'autrefois ; l'égalité n'existe pas dans la roture : c'est là que les rangs sont tranchés avec une rigueur excessive ; que la haute banque ne fraie pas avec la petite ; que le manufacturier en titre se recule du fabricant en chambre ; que le vendeur en gros repousse le détailliste. Engagez la notaresse à venir à une soirée chez l'*épouse* du troisième clerc, ou l'avocate à compagnoner avec l'huissière. Oh ! qu'il en coûte à Mme l'avouesse quand il faut qu'elle descende à monter chez la commissaire-priseuse ! que de soupirs sont étouffés, que de rires moqueurs échappent! Et plus bas encore, dans la boutique sur la rue, qu'il y a de classifications, de degrés, de rangs et de prétentieuses supériorités! Faites aller aux mêmes lieux le bourgeois et l'ouvrier, la bourgeoise et l'ouvrière, je vous en défie : chacun veut se grandir, et pas grandir ses inférieurs. Le libéralisme actuel est ascendant; c'est un ballon gonflé de gaz méphytique, qui tend toujours à monter, jusqu'à ce qu'il crève. Voilà l'esprit de l'époque ; tels sont les résultats de la révolution de juillet.

La cour des Tuileries, dans ses jours de gala, est composée :

1° De quelque reste de noblesse honteuse, qui sert là de thermomètre propre à marquer jusqu'à quel degré d'humiliation l'intérêt personnel peut descendre;

2° Des sommités de ce qu'on appelle *les notabilités actuelles;*

3° Des flots assaillans des demi-notabilités;

4° Du fouilli du *sauve qui peut* de la garde nationale;

5° De la hiérarchie militaire, bornée dans l'armée, sans borne quand il s'agit des épaulettes de laine bourgeoise ;

6° De certains étrangers, qui vont partout en curieux ou en persiffleurs.

Ne pensez pas que la masse qui roule dans les Tuileries soit satisfaite de s'y voir dans son immensité : elle est déjà hargneuse, grondeuse, déchirante, divisée ; elle se sépare, se trie, s'observe, se compte, se mesure ; elle a ses généalogies, ses quartiers de noblesse paternelle et maternelle ; il y a des Rohan, des Courtenai, des Montmorenci de roture ; on daube les *petites gens* qui se glissent là ; on parle déjà de barrières à poser, de titres à demander, de fermer le livre d'or de la mercantillerie. Oui, vraiment, on commence à *souffrir de n'être pas entre soi* aux Tuileries ; on se plaint de *mélanges insupportables*, de vanités ridicules : Mme D*** trouve mauvais que Mme B*** s'asseye auprès d'elle ; Mlle A*** refuse de danser à la contredanse où figure la petite F***. Bref, l'orgueil déborde, la vanité devient absorbante ; elle fait ce que jamais on ne fit autrefois; et si par cas elle faisait comme autrefois, ce n'était guère la peine de tout renverser pour arriver précisément au même but par une route différente.

Il me revient souvent le bruit de plaisantes scènes. Le ton de la cour actuelle est un peu commun; on y crie, on y rit, on s'y donne le bras, on frappe les femmes sur le cou ou les épaules, on se presse aux buffets, on y boit, on y mange pour manger et boire, on va se rafraîchir, on *se tape* d'une bouteille, et puis des éclats discordans, des appels par voix et par gestes d'un bout de la salle à l'autre; la bourse au petit pied, qui s'établit dans un coin; le débit de prospectus ou d'adresses que ce bon industriel fait dans un autre; et les pirouettes des beaux messieurs et les mines des belles madames; et cette joie de se voir là, et ce chagrin d'y rencontrer sa voisine, et ces coquetteries un peu trop naïves, et ces époux qui, faisant affaire de tout, ne reculeraient à en faire une des charmes de *madame;* et madame qui hait tant la noblesse et qui cherche à s'accrocher à un vrai gentilhomme; et les professeuses, que j'oubliais, en observation vis-à-vis les notaresses, qui diront que je ne les oublie pas; des gens de tout étage, de toute couleur, étrangers permanens, dans ce lieu sacré qu'ils fréquentent sans qu'il puisse devenir leur, et qui, nécessairement devra, un beau jour, leur être fermé, lorsque le peuple, lassé d'être joué par ces sycophantes, dira au roi régnant :

« Sire, il est de toute justice que vous choisissiez votre société privée, puisque ces compagnons choisissent la leur. »

Alors chaque métier se retrouvera à sa place, et les vaches en seront mieux gardées; le proverbe a raison.

CHAPITRE VIII.

Les Réputations.

Que la révolution de 1830 a tué toutes les réputations. Exemples : Maréchal Soult, maréchal Gérard, comte Sébastiani ; MM. Cousin, Villemain, Mignet et son ami. Kératry, Madier de Montjau. Autres noms : Jaubert, Rémuzat, Mahul, Arnaud. Les romantiques. Autres exemples non moins frappans : MM. Mérilhou, Persil, Barthe.

> Nous avons adoré des singes, dans l'espérance d'acquérir quelque bien en ce monde ; mais ces mêmes singes ont tiré avec leurs mains tout ce que nous avions sans les nôtres : nous n'avons donc fait autre chose que d'user nos doigts inutilement à gratter, et nous n'avons emporté d'autre fruit de notre travail que la honte de les avoir adorés.
> (BENANA, *Al-Mesri-Al-Fareki.*)

A tout bien compter, c'est un creuset terrible qu'une révolution qui déplace tout le monde et qui amène sur le chandelier celui qui se prélassait sous le boisseau. C'est une rude épreuve qu'une révolution, et à laquelle ceux sur qui elle opère gagnent peu ordinairement. Rien n'est tel que de forcer les gens à mettre la main à la pâte, pour bien voir s'ils sont capables de faire du bon pain. Hélas! le plus grand nombre échoue à la première tentative; leur travail, dont on espérait tant, est jugé détestable, et voilà un homme illustre, un grand homme en herbes, qui disparaît au point d'être saisi corps à corps par un artisan à la solde d'un ministère qui n'hésite pas à lutter avec lui.

La révolution de juillet a fait en ceci comme toutes les autres; elle a même eu la main plus malheureuse que ses devancières, qui, si elles ont tué une multitude de réputations, en ont du moins élevé un petit nombre. Elle, au contraire, a tout anéanti; tous ceux qu'elle a fait monter sont tombés à l'instant : elle plane aujourd'hui, ainsi que je l'ai dit naguère, sur des cadavres vivans, et on peut leur adresser avec aigreur et vérité ce vers de comédie :

Les gens que vous tuez se portent à merveille.

La liste est longue de ces défunts que nous rencontrons cheminant dans la rue ou en fonctions dans le gouvernement; flambeaux éteints, dont la mèche fume et nous empuantis : cette odeur pourtant est le seul fait qui révèle leur existence.

Voyons un peu, et comptons. Parmi ces sommités mortes avant décès, si je jette les yeux sur l'*Almanach militaire,* j'y trouve la majeure partie des héros de l'empire. Où est le maréchal Soult ? qui ira le chercher sous le mausolée bigarré de dévotion reniée, de fournitures qui ne profitent pas à l'État, d'amour immodéré de traitement, de procès peu agréables, de mutinerie à la tribune, de mise en état de siége, de destitutions sans cause, de nominations qui font un peu plus crier; où est, là-dedans, le conquérant du Portugal, le *quasi-roi, Nicolas,* le vainqueur à Toulouse, lors même que l'ennemi paraissait remporter la victoire? Hélas! il a voulu tenir tête à la révolution dernière, et elle l'a mis au tombeau.

Et le maréchal Gérard, cette autre espérance de la patrie, dont le nom, à défaut de la personne, combattit pendant les trois journées, qu'en est-il resté à la suite de son ministère? je le demande à ses meilleurs amis? une ombre, un souffle, un souvenir, *nihil*. Oh! que celui-là doit maudire une levée de boucliers qui lui a ravi sa popularité, son importance, et qui ne lui a laissé que le bâton de maréchal, que certainement il aurait suffi à se donner lui-même, ainsi qu'il l'a fait, aussitôt qu'il l'a pu! Je défie qu'on puisse citer un trait pareil à celui-là, et qu'on désigne dans l'histoire ancienne ou moderne, un autre homme que le maréchal Gérard, qui, parvenu au pouvoir, emploie sa première signature à se récompenser des services qu'il rendra, et qu'en définitif il n'a pas rendus.

Avant le fatal juillet, n'avons-nous pas vu le comte Sébastiani en position de recueillir l'héritage de tribune du général Foi...; et juillet venu, quelle succession est échue au comte Sébastiani? En voilà encore un autre à qui la fortune a joué un tour perfide; celui de l'obliger à faire.... Il n'a rien fait.

Je pourrais multiplier mes citations militaires à l'infini; montrer les braves qui donnaient tant d'espoir, devenir des courtisans, comme ceux de l'ancien régime, et se vendre aussitôt qu'on a voulu les acheter; je pourrais amener sur la scène ces voltigeurs ridicules de la république et de l'empire, qui ont apprêté à rire, autant que l'avaient fait ceux de Louis XIV, et plus justement encore; mais je m'arrêterai à ces sommités par excellence; j'ai hâte d'arriver à la philosophie si austère, et à ce barreau si pur d'opinion.

M. Cousin, dès qu'il a vu jour d'obtenir des places, les a prises toutes, et ne professe désormais que l'art de les conserver. M. Villemain a disparu dans son triomphe; et partout où M. Guizot se montre, on écrit *hic jacet*. MM. Thiers et Mignet, ces historiens sévères qui, développant les principes du républicanisme le plus pur, attachaient à eux les yeux de tous les amis de la république, où est aujourd'hui leur gloire? quel ouvrage vendront-ils? quelle foule les suivra, si ce n'est pour les *charivariser?* Ces étoiles, changées en pâles météores, ont disparu. Je ne signalerai pas à quel fumet on peut encore reconnaître leur passage. Disons aussi d'eux : *Hic jacet.*

Qui se rappellera de cet excellent M. de Kératry, vivant encore aux approches d'août 1830, ayant même une gentille petite réputation fondée sur quelque chose, sans qu'on puisse trop dire sur quoi? On le voyait allant, venant, on l'entendait parler, on aurait même pu le lire. Eh bien! que reste-t-il de lui? une pierre tumulaire sur laquelle on lit : *Hic jacet.*

Certainement il se rencontre encore des personnes qui ont quelque soupçon de l'existence peu reculée d'un M. Madier de Montjau, homme nain qui dénonça le premier le gouvernement occulte. Il est possible qu'on se rappelle aussi, qu'épouvanté de cet acte de courage, il s'arrêta tout net, et se laissa condamner sans trop se défendre. Or donc, ce M. Madier de Montjau était, à ce qu'on croit, plein de vie encore le 31 juillet 1830. Le lendemain il expira.

Une foule d'ombres pareilles vient parfois nous épouvanter dans nos rêves : MM. Jars, Girod (de l'Ain), Charles de Lameth, Etienne, Schonen, Bricqueville, etc., ayant toutes une manière de réputation patriotique qui n'a pu survivre à la nécessité de la mettre en mouvement, et à la suite de ces décès, venus après une prolongation de vie raisonnable, n'y a-t-il pas eu de ces morts-nés, de ces enfans qui, du sein de leur mère, passent dans les limbes éternelles sans espoir d'entrer jamais dans le ciel, ou sans aucune chance de prendre part aux agitations de l'enfer? Nous trouverons dans cette classe infortunée le comte Jaubert, M. Charles de Remusat, M. Alphonse Mahul, lui qui depuis tant d'années travaillait, au moyen de feuilles volantes, à s'accommoder une petite existence politique; lui secrétaire-né de toutes les sociétés philantropiques à naître, et lui *l'inévitable* en bienfaisance écrite, comme jadis l'était dans la société un homme de lettres fort connu..... de ses amis et parens; M. Alphonse Mahul enfin, enseveli dans ses premiers langes (le premier discours qu'il prononça), et dont le mausolée portera en lettres ineffaçables cette phrase célèbre :

Ci-gît la chair de ma chair et les os de mes os.

Je le répète, c'est un creuset terrible qu'une révolution. La nôtre dernière n'a-t-elle pas fait descendre au tombeau MM. Arnault, qui s'agitaient tant pour vivre, et qui n'ont jamais été mieux en terre que du jour où ils ont recouvré leur immortalité académique? Pour un homme de lettres qu'elle a fait surgir, *Némésis-Barthélemy* (1), qui n'a-t-elle pas tué en littérature? Le romantisme tout entier est tombé

---

(1) Qui depuis... Rome alors estimait ses vertus
(Racine, *Britanicus*, acte III, scène 1re.)

sous ses coups, il ne fait plus de bruit. Je ne nommerai pas ces illustres morts, par respect pour leur mémoire. Leurs grands ossemens gissent avec une existence apparente encore; mais en réalité ils sont froids, car les lyres restent muettes, et les volumes ne se vendent pas; en vain soi-même on se vante encore, en vain on fait soi-même les articles admiratifs que l'on paie aux journaux qui les impriment, le glas de la révolution a tinté pour ceux-là non moins que pour les autres; et si on prie Dieu pour ces défunts, du moins on ne les lit plus.

C'est chose pitoyable que de voir la révolution de juillet moissonner avec la faux de la mort civile tant de réputations qui l'appelaient de tous leurs vœux; la diplomatie de l'empire a disparu toute entière, aucune notabilité passée ne surgit, ni dans les conseils, ni à la Chambre des pairs, ni dans celle des députés, ni dans la magistrature; on n'a pu trouver un homme de vrai mérite pour en faire un membre du parquet, un ambassadeur, un administrateur supérieur. Les préfets de police se sont succédés sans laisser aucune trace de leur passage; le comte Treillard est demeuré obscur autant que M. Bavoux; le comte d'Harcourt est le fleuron de la diplomatie, et la magistrature en est réduite à regarder avec des yeux d'amour M. Voisin de Gartempe, et à regretter M. de Broë.

Où sont aujourd'hui ces flambeaux du Palais, ces bras droits du carbonarisme, ces espoirs de la république, ce brave M. Mérilhou, copie des *bâtons flottans* de la fable de La Fontaine, que de loin on prenait pour quelque chose, et qui de près se réduisirent à rien, lui qui n'entra dans un ministère que pour montrer comment on pouvait l'occuper sans le remplir? Que reste-t-il, à cette heure-ci, de l'avocat Mérilhou, à part l'habit de son chasseur et le souvenir de la réception qu'on lui fit à la Sorbonne?.... Et M. Persil! M. Persil! ce soleil flamboyant de la procédure, qui, depuis le procès des ministres, est tombé de chute en chute au sommet de la risée publique! lui qui poursuit la presse avec autant de haine qu'un amant témoigne d'amour à sa maîtresse ; lui à qui on ne trouve ni éloquence, ni esprit, ni adresse, et qui se vêtit pourtant de la robe de d'Aguesseau ; au demeurant, bon ami, bon père de famille, excellent compagnon, de grand appétit et de triste mine.

Il y avait aussi le citoyen Barthe, le chef des ventes carbonarones, l'adversaire-né de toutes les royautés possibles : eh bien! une de ces royautés a fait signe au citoyen....., à monsieur Barthe ; voilà qu'il s'est empressé d'accourir, et maintenant il dort sur la Charte violée et dans la simarre de Maupeou. La révolution impitoyable n'a pas plus épargné celui-là que les autres..... Mais, je laisse là M. Barthe ; je le retrouverai nécessairement une autre fois sur mes pas.

Ainsi, chacun de ceux qui étaient purs, du moins en apparence, tant qu'on n'avait pas voulu d'eux, se sont pollués aussitôt qu'il a plu au pouvoir de leur enlever leur volonté de libéralisme. Pas un, non, pas un ne s'est reculé à propos ; ils ont tous accepté les conditions de leur anéantissement moral, et ceci fait craindre pour ceux que la révolution n'a pas flétris encore dans leur candeur virginale...; c'est parce qu'elle ne les a pas employés. Dieu sait ce qui en adviendra, lorsqu'il faudra venir à eux en désespoir de cause.

CHAPITRE IX.

La politique du cabinet des Tuileries.

Notre politique en est aux politesses avec tout le monde. Défense de celle de la restauration. Embarras que celle-là avait à vaincre. Position avantageuse de la révolution de juillet. Par qui gâtée. Notre cabinet se hâte d'être reconnu. Série de preuves qui attestent sa dépendance de celui de Londres. Série de preuves qui annoncent sa fusion dans celui de Saint-Pétersbourg. Autres chaînes qu'il porte. La légitimité et la royauté populaire. Que l'Europe attaquera prochainement la France. Le roi Louis-Philippe ne trouverait pas aujourd'hui à marier son fils.

> . . . Cet esprit d'imprudence et d'erreur.
> (Racine, *Athalie*.)

J'EN étais à rédiger mentalement ce chapitre de mon ouvrage, et je venais d'en écrire le titre, lorsque le chevalier de C*** entra dans mon cabinet. Il est curieux, c'est l'un de ses défauts; le voilà jetant un coup-d'œil sur les mots en védette, et se mettant à répéter tout haut :

« *La politique du cabinet des Tuileries!* Il faut là un errata.

— « Pourquoi?

— « Oui, monsieur, un errata; je le dresse ainsi : *La politique du cabinet des Tuileries,* lisez, *la politique du cabinet de Londres ou de celui de Saint-Pétersbourg.*

—« Ah! m'écriai-je, c'est par trop fort! A vous entendre, il en serait de la révolution de 1830 ainsi que de la restauration de 1814.

—« Halte-là! reprit-il à son tour, ne faites pas de comparaison inconvenante. Le cabinet des Tuileries, en 1814 et l'an d'après, se créait au milieu de l'invasion étrangère, en présence de l'empire encore existant en administration, en finance, en armée; du jacobinisme, redevenu dangereux parce qu'il avait peur; et de toute l'émigration aigrie et affamée; et d'un clergé qui n'abandonnait pas sa part du gâteau. Etait-il possible, en face de tant d'élémens de discorde et de matériaux d'incendie, était-il possible, dis-je, d'avoir une allure ferme et à soi ? Comment s'établir, se reconnaître, se démêler de ce labyrinte de ruines, de regrets, d'espérances, de menaces, de demandes exagérées, de prétentions sans borne et de ceux du dedans et de ceux du dehors ? Cheminer sans faire des fautes aurait été un miracle, et avancer sans s'appuyer sur quelqu'un ne se pouvait pas. Cependant, du premier jour où Louis XVIII débarqua en France, commença une prospérité prodigieuse dans le commerce, et développée avec une promptitude dont on ne trouverait pas un second exemple. Toutes les branches du négoce y prirent part aussitôt, et depuis ne s'arrêtèrent point. Plus tard il y eut de la gloire pour l'armée française. La promenade militaire en Espagne ne fut pas terminée par une retraite si précipitée qu'elle pût dégénérer en fuite honteuse, comme naguère la chose a été. Nos soldats protégent encore les enfans des Léonidas et des Thémistocles; et Alger *la guerrière* est une conquête dont la gloire restera éternellement à qui l'a exécutée, autant que la flétrissure sera sans fin sur le front de qui abandonnera cette acquisition superbe. »

Le chevalier de C*** s'arrêta ici, et se mit à me regarder malicieusement. Il triomphait, mon silence le lui laissa connaître; puis il continua :

« La révolution de juillet fut un coup de foudre, un combat de géans contre le Ciel, et qui, cette fois, réussit. La révolution s'étendit avec une vélocité sans pareille, et elle fut terminée avant que les barricades eussent été détruites à Paris. La nation se montra soudainement rayonnante de jeunesse, de force, de courage et d'audace. Son drapeau, son chant (*la Marseillaise*) annonçaient quel génie avait présidé à sa naissance : tout en elle était chaud, actif, impétueux. Seize années de repos avaient rafraîchi la nation, qui ne demandait pas mieux que de voler aux armes; un million de jeunes soldats, tous vigoureux, intrépides, instruits, suppliaient le gouvernement de les conduire aux frontières. Les peuples étrangers ressentaient le choc de cette étincelle électrique ; l'Espagne et le Portugal bouillonnaient ; la Belgique se jetait dans la révolte citoyenne, à notre exemple; tout le Nord de l'Allemagne prenait feu. Vous avez vu l'explosion de la Pologne, les mouvemens de l'Italie, les convulsions de la Suisse et des provinces Rhénanes : les rois épouvantés s'entre-demandaient, en tremblant, quel trône demeurerait solide. Certes ces faits, que nul n'osera nier, présentaient au gouvernement qui s'établissait parmi nous des primes assez avantageuses pour le déterminer à se dessiner fièrement; pour parler haut; pour compter en Europe; pour avoir enfin une politique et un cabinet. Eh bien, signor, rien de tout cela n'a eu lieu, et nous sommes, ainsi que je vous l'ai dit d'abord, à n'avoir que la politique de l'Angleterre et de la Russie; c'est ce que je vais maintenant vous prouver.

« La révolution de 1830 avait assez fait de bruit pour se reposer sur ce tapage du soin d'être reconnue. Elle n'avait qu'à attendre, tout en s'armant, et les ambassadeurs lui seraient venus à force des quatre parties du monde. S'ils avaient tardé, on se serait passé d'eux, et après la victoire on aurait eu l'occasion de répéter le propos fameux du général Buonaparte aux conférences de Campo-Formio (1). Mais il y avait alors, outre la révolution de 1830, en France, le cabinet tout nouveau du Palais-Royal (le même que celui des Tuileries), et celui-là était composé de MM. Guizot, Gérard, Broglie, Sébastiani, Louis, Molé, etc. Et ces messieurs avaient grande hâte d'être reconnus; aussi s'empressèrent-ils de faire par envoyés signaler leur exis-

(1) On était rassemblé (les plénipotentiaires français et autrichiens) pour entendre la lecture du traité de Campo-Formio. Le premier article portait : *Sa Majesté l'empereur reconnaît la république française*....... Le général Bonaparte interrompit le secrétaire : « Qu'on raye ceci, dit-il, la république est comme le soleil, elle existe, et n'a pas besoin d'être reconnue par ceux qui sont forcés de traiter avec elle. »

(*Note de l'auteur.*)

tence par les divers cabinets européens. Celui de Londres s'exécuta galamment, et parla le premier; les autres suivirent, un peu plus tôt, un peu plus tard. Il n'y a que le duc de Modène qui nous tienne rigueur encore; mais nous lui ferons tant de gracieusetés qu'il ne tiendra pas contre la gentillesse de nos avances. Il y a, en revanche : don Miguel, que nous n'avons pas voulu reconnaître, et cela parce qu'il est usurpateur..... Oh! nous sommes forts sur les principes.

« L'Empressement de l'Angleterre gagna le cœur de notre cabinet; et comme la reconnaissance est la vertu des belles âmes, celle du cabinet de Paris crut qu'il ne pourrait mieux la manifester qu'en se faisant fraction du cabinet de Londres :

1° Par l'envoi de M. de Talleyrand, au lieu de nommer à ce poste une des notabilités de l'époque;

2° Par l'achat des fusils qui ont valu à M. Gisquet un si gros bénéfice et la préfecture de police.

3° Par des traités de commerce tout à notre désavantage;

4° En administrant Alger à la manière d'un dépôt de guerre, et non en province réunie au royaume;

5° En refusant la Belgique, qui voulait s'incorporer à la France;

6° En refusant pour le duc de Nemours la couronne de cette même Belgique;

7° En déclarant qu'on ne consentirait jamais à ce que le prince de Leuchtemberg devînt roi de Belgique, élection qui eut, par la force des choses, rattaché nécessairement la Belgique à la France;

8° En ne s'opposant pas à la nomination du prince Léopold de Saxe-Cobourg à la couronne de la Grèce;

9° En consentant à ce que ce même prince, qui est prince anglais de fait, devînt roi de Belgique;

10° En envoyant une armée en Belgique, pour protéger le monument de Waterloo;

11° En retirant cette armée soudainement,

et sans l'avoir fait servir à obtenir des garanties pour la France, mais dès la volonté de retraite exprimée par l'Angleterre;

12° En consentant à la démolition des forteresses de Belgique, qui doivent nécessairement retourner un jour à la France, et en n'exigeant pas la démolition de celles qui ont été uniquement armées contre nous;

13° En accordant à l'Angleterre le port d'Anvers; ce qui aura lieu ostensiblement bientôt, la chose d'ailleurs étant faite déjà en réalité;

14° En n'exigeant pas des indemnités pour les pertes faites par la France, en 1814 et 1815;

15° En n'insistant pas sur l'indépendance complète de la république ionienne, et sur le retour de Malte à l'ordre de Saint-Jean de Jérusalem;

16° En n'ayant pas permis à don Pedro de faire son armement dans les ports français, et en n'ayant pas mis à sa disposition une escadre française;

17° En n'ayant pas accepté le mariage proposé entre un prince français et la reine dona Maria;

18° Enfin, en n'osant rien entreprendre sans en avoir à l'avance conféré avec le ministère anglais.

« Pensez-vous, continua le chevalier de C***, que tous ces griefs soient imaginaires? j'en oublie certainement d'aussi majeurs. Le ministère français pourrait-il le nier, avec l'espérance qu'on parviendrait à nous tromper? Ces faits sont éclatans; ils crèvent les yeux; on ne peut s'empêcher de les voir. Et puis on osera parler de l'indépendance de notre cabinet! Quant à en avoir envers la Russie, il ne faut pas s'en flatter davantage. Vous avez vu avec quelle indifférence, ou, pour mieux dire, quelle terreur le cabinet des Tuileries a accueilli le grand soulèvement de la Pologne; comment il a reculé devant toute démonstration d'intérêt envers ces héros malheureux; comment il n'a osé ni élever la voix, ni faire un geste, ni oser une démarche : froid, muet, épouvanté de tant de courage et d'audace, il a attendu avec impatience que ce foyer de liberté fût éteint; que la Pologne, décimée, livrée au pillage, aux flammes, et ses citoyens égorgés ou déportés, eussent disparu en entier, pour s'écrier, avec la satisfaction féroce d'un être qui redoute d'être contraint de se montrer avec honneur : *L'ordre règne à Varsovie!* L'ordre!!! le désespoir, les fers et la mort.

« Il osa, ce cabinet couard, il osa une fois dire, avec une voix fortement accentuée de terreur, par la crainte que le propos ne fût entendu en Russie : *La nationalité de la Pologne ne périra pas;* et immédiatement après ces flasques paroles prononcées, *la nationalité de la Pologne* s'en est allée de vie à trépas, et notre ministère a demeuré immobile, s'est tu, et, en se frottant les mains, a dit : *Le czar ne me grondera pas, et ne me fera plus la mine; je me suis conduit loyalement envers lui.* Et moi, je demanderai pourquoi le cabinet des Tuileries, qui a déclaré solennellement que les traités de 1815 lui étaient obligatoires, n'a pas exigé qu'ils le fussent pour la Russie ; pourquoi il souffre les insolences de la cour d'Espagne, si ce n'est par respect de la Russie. Je lui demanderai quel est ce tripotage de politique, si en dehors des intérêts de la France, et ces traités secrets qui ruinent notre commerce à l'avantage des étrangers ; pourquoi le drapeau tricolore ne flotte qu'incognito à Ancône, et pas du tout ailleurs ; pourquoi on l'a insulté à Nice, sans que l'offense ait été suivie d'une de ces réparations tellement éclatante, tellement cruelle pour l'offenseur, qu'il en tire une leçon terrible qui l'oblige à y regarder attentivement avant que d'oser recommencer.

« En un mot, la politique du cabinet des Tuileries est petite, mesquine, rabougrie, malingre, sans dignité aucune, sans écho dans le cœur des citoyens ; elle consiste en une réserve méticuleuse, en une frayeur perpétuelle. Ah ! que pensera l'Autriche ? que dira la Russie ? comment la Prusse prendra-t-elle ceci ? et l'Angleterre, cela lui conviendra-t-il ? Les choses en sont au point qu'un évêque ne peut être nommé, en France, au gré du roi ; que la nomination faite, il a fallu subir la honte de la démission de l'ecclésiastique, Rome ayant refusé de lui accorder l'institution. Ainsi, le cabinet a reculé là comme en tout ; on ne saurait croire les précautions infinies qu'il prend pour ne pas se brouiller avec le prince de Monaco, ce grand souverain dont les Etats ont trois lieues de circonférence, et renferment huit mille sujets.

« Aussi les ambassadeurs français ne sont presque jamais à leur poste ; ils n'y auraient rien à faire qu'à supporter les avanies qu'on ne leur épargne pas : ils vivent joyeusement à Paris du produit de leur sinécure ; ils font de la politique hostile à la France dans la Chambre des députés, quand ils en sont membres, ou bien ils s'amusent à voter sans ouvrir la bouche dans celle des pairs, selon l'usage adopté par celle-ci. Et pendant ce temps, on décide sans eux les affaires de l'Europe ; on règle les destinées des Etats, sur lesquelles nous devrions mettre notre *veto*. Et du coq français, le cabinet des Tuileries en a fait un chapon, qu'un de ces jours on servira sanglant et rôti sur la table des rois, une autre fois coalisés contre nous. »

J'écoutais la philippique du chevalier, en homme qui la croit fondée au fond des choses. Mon Italie, par exemple, mon Italie, qui déborde d'amour, d'indépendance et de liberté, comment aussi l'a-t-on abandonnée ? elle pleure sur les fers qu'elle porte ; elle tourne de tristes yeux vers la France, à qui elle doit tout, et dont elle espère tout encore : eh bien! depuis que le nouveau cabinet des Tuileries existe, nous n'avons pu en obtenir une parole consolante, un mot qui nous laissât entrevoir la possibilité d'un meilleur avenir. L'Italie doit demeurer esclave; elle n'aura ni gouvernement national, ni Charte, ni lois inviolables : le caprice, le pouvoir absolu de ses souverains formeront son code imprescriptible; et voilà ce que nous devons attendre du cabinet des Tuileries, du cabinet chargé d'administrer au nom du peuple souverain. Car, il faut bien établir la chose : la royauté, en France, n'est point ce qu'elle était avant juillet 1830 ; elle rapportait antérieurement son origine à la seule volonté de la Providence ; elle existait par *la grâce de Dieu*, par son droit de légitimité, perpétuée de manière à ce qu'elle était aussi bien propriétaire de la couronne, que chaque citoyen de son champ ou de sa maison : ceci lui donnait d'autres volontés, d'autres allures, une liberté complète dans ses actes, dans ses modes de gouvernement. La royauté actuelle est toute autre : le droit de *la grâce de Dieu* a disparu ; elle règne uniquement par *la grâce du peuple*, du peuple, seul souverain véritable, et qui donne délégation pour le représenter. La royauté constitutionnelle présente n'a donc par elle-même aucune indépendance ; elle est soumise à la Charte, qu'elle n'a pas octroyée, mais qu'elle a acceptée ; elle doit s'y conformer de point en point, parce que cette Charte est le contrat qui la lie au peuple, vrai souverain, et par elle reconnue solennellement en cette qualité. Or donc, peut-il être que cette royauté souveraine s'allie avec les monarques absolus contre les nations? et si la chose a lieu, le ministère responsable n'est-il pas criminel? Je le demande. Sa politique devrait être celle des intérêts communs; elle est celle d'un intérêt privé, celle d'un homme, et pas celle de tous.

Au demeurant, les fautes commises par le cabinet des Tuileries porteront prochainement leurs fruits. Qu'il ne se flatte pas d'avoir conjuré la guerre! tous ses sacrifices d'honneur national et de commerce, toutes ses concessions aux exigences étrangères n'ont eu pour résultat unique que de laisser aux puissances, surprises à l'improviste par la révolution de juillet, le loisir de revenir de leur frayeur, et de se mieux préparer à combattre. Les chances avantageuses qui existaient en faveur de la France, vers 1830, ont aujourd'hui presque toutes disparu. Les querelles intestines, le refroidissement de ce qu'on appelle *les patriotes*, la conviction de la trahison, le courage rendu aux faibles, la haine que le ministère inspire, et qui nuit tant à l'amour fanatique que l'on porte au roi, toutes ces choses doivent nécessairement amener des fruits défavorables, et donner plus de force à la vigueur de l'attaque qui va avoir lieu.

Les rois de l'Europe se disposent tous à la guerre contre la France. Le cabinet des Tuileries est le seul qui croie à la paix; car son imbécillité est telle, qu'il ne voit pas ce qui se passe en face de lui : il a tant d'envie de vivre, qu'il s'obstine à repousser la pensée que l'on veut sa mort, et sa mort est un cas décidé. La question, aujourd'hui, et la seule à résoudre, est celle-ci : *Le principe républicain désorganisera-t-il les empires, ou bien les rois, dans l'intérêt réel des peuples, étoufferont-ils le principe républicain ?*

C'est le point qu'il faut débattre.

La royauté, telle qu'elle est en France, a beau vouloir être considérée comme une royauté par les autres royautés royales; elle tâche en vain de leur prodiguer les assurances, les garanties : cela ne sert à rien ; on ne la voit pas telle qu'elle veut qu'on la voie; on ne remarque en elle que son origine. Elle est née de la volonté du peuple; elle a prêté serment au peuple; elle est donc une délégation populaire, et pas une institution divine. Il est donc impossible que le républicanisme de son essence ne la rende pas odieuse; on ne veut d'elle à aucun prix ; on la renversera la première, parce qu'en la tuant, on blessera au cœur le dogme impie de la souveraineté nationale. Qu'elle se tienne donc pour bien avertie de tout ceci, et que, si le temps lui appartient encore, elle cherche les fondemens de son existence en dehors du système monarchique, tel qu'on l'entend dans le reste de l'Europe. Sa politique actuelle est folle, funeste, niaise ; c'est une monomanie flagrante : tout ce qu'elle tentera pour gagner les souverains, lui sera contraire; chacune de ses instances est une défaite; toutes ses sou-

missions lui seront bientôt imputées à grief.
Qu'elle voie, enfin, qu'elle est seule et complètement isolée ; qu'entre son trône et les autres, il n'y a ni sympathie ni solidarité. Qu'elle essaie, pour s'en convaincre, de chercher à marier les princes, fils de Louis-Philippe, dans d'antiques maisons royales : cela lui sera impossible. Et, cependant, le duc d'Orléans a dépassé l'âge auquel ceux de son rang, les aînés surtout, se marient ; il devrait déjà avoir des enfans, et sa femme est loin encore d'être trouvée. La raison en est simple : c'est qu'au lieu de vivre en paix avec la branche des Bourbons qui règne aujourd'hui en France, on se prépare à lui faire la guerre, et que cette guerre éclatera bientôt.

CHAPITRE V.

Les Ministres passés, présens et futurs.

Ministère n° 1, créé...... par lui-même. Ministère n° 2. Ses oscillations, ses embarras. Ministère n° 3. Maréchal Maison. Comte Sébastiani. L'excellent Gustave. Sa topographie morale et physique. Révélation de l'intrigue qui l'a conduit au ministère. Maréchal Soult. M. Laffitte. Pourquoi il est dangereux de placer un négociant à la tête des affaires. Suite de M. Laffitte. M. Mérilhou, considéré sous le point de vue de la musarderie. Actes du ministère n° 3. Ministère n° 4. Comte d'Argout, baron Louis, vicomte de Rigny. M. Casimir Périer. Ses fautes, sa mort. Ministère n° 5.

> Ils sont là quarante qui ont de l'esprit comme quatre.
> (Piron.)

Après avoir grondé en masse le cabinet des Tuileries, il est temps de le faire connaître dans les personnages qui le perpétuent depuis la révolution : ceci complètera la statistique ministérielle et administrative, et soldera le compte que j'ai ouvert avec les capacités de l'époque.

D'abord, et au moment où le peuple vainqueur entrait aux Tuileries, le 29 juillet, à trois heures, ceux qui avaient laissé batailler la canaille, s'empressèrent d'arriver pour la relever de son poste, et lui procurer le temps d'aller dormir sur ses lauriers. Il ne s'agissait plus que de gouverner; et, qui ne gouvernerait pas, en France, par le temps qui court? Or donc, les gouvernans se présentèrent, ou plutôt se nommèrent eux-mêmes; car nous ne connaissons pas encore les signatures de ceux qui, de prime-abord, se crurent le droit de nous imposer leurs parens et amis. M. Dupont (de l'Eure), l'une des nullités les plus respectables de l'époque, et l'un des hommes dont le travail a le plus déconsidéré la magistrature, s'empara du portefeuille de la justice. Le général Gérard, dont le nom avait servi pendant les trois journées, se jeta sur celui de la guerre, certain d'y trouver au fond un bâton de maréchal : au fond, je me trompe ; c'est tout par-dessus qu'il faut dire. Le baron Bignon, que l'on prend chaque fois qu'il est un trou provisoire à boucher, alla s'installer aux affaires étrangères. Le duc de Broglie demeura, pendant vingt-quatre heures ministre de l'intérieur, fonction qu'il céda le lendemain pour celle de l'instruction publique, dont il dut déposséder le baron Bignon, qui avait déjà culbuté des affaires étrangères : c'était, dans ce premier moment, une confusion très-patriotique, je vous assure. M. Sébastiani se contenta de la marine, en attendant mieux. Le baron Louis revint aux finances, et très-enchanté d'y rencontrer M. Kessnner, l'honnête homme, dont l'absence est tant regrettée.

Ces messieurs composèrent donc le pouvoir exécutif, et, par leur réunion, fournirent, dès le début, la preuve que la révolution-vérité tombait en quenouille.

A bon entendeur, salut.

On alla ainsi, cahin-caha, jusqu'au 9 août suivant. Un roi fut nommé ce jour-là : lui, à son tour, nomma ses ministres; ce qui commença à être légal. La chose eut lieu de la manière suivante : *Justice,* M. Dupont (de l'Eure); *affaires étrangères,* le maréchal Jourdan, qui céda, peu après, la place au comte Molé; *intérieur,* M. Guizot; *guerre,* le comte Gérard; *marine,* le comte Sébastiani; *finances,* le baron Louis; *instruction publique,* le duc de Broglie.

Le cabinet, ainsi organisé, courut de faute en faute, d'ornières en ornières, de chute en chute, et cela sans qu'aucun des ministres eût un reproche à faire à l'autre, et par une bonne raison. *Le cabinet n'administrait pas;* il y avait en dehors de lui, et pas néanmoins dans l'ombre, une camarilla très-visible, très-vénérable, qui faisait tout. Elle se composait de M. de Lafayette, qui comptait encore pour quelque chose, bien qu'on eût déjà grande envie qu'il ne comptât plus pour rien, tant est lourd le fardeau de la reconnaissance; de M. Dupin, qui commençait son rôle de Tantale politique, toujours en faim et en soif d'un ministère, et ne pouvant jamais en satisfaire son appétit; de M. Laffitte, qu'on se figurait être quelque chose; de M. Casimir Périer, qui en résultat n'a été propre à rien; du maréchal Gérard, qui se doublait en ce moment; de M. Bignon, qu'on cherchait à consoler, lui tout essoufflé d'avoir couru en trois jours trois ministères qui chacun avait glissé entre ses doigts : enfin, de quelques autres personnages plus reculés, plus obscurs et non moins influens, et tous charmés de mystifier le cabinet en pied, et de lui donner le croc-en-jambe.

Ce pauvre cabinet avait fort à faire ; la nation se moquait de lui, et par-derrière on lui donnait des coups de pied. Les émeutes, les révoltes intérieures, les insolences au-dehors, rien ne lui manquait; son œuvre devenait de la vraie bouillie pour les chats; il éparpillait dans la France, et en chaque place, des incapacités taillées à son modèle : en un mot, c'était risée, ou plutôt pitié; un tel cabinet ne pouvait rester. Figurez-vous ce que pouvait être, par exemple, M. Guizot, secondé par Jean-Jacques, son frère, par la doctrine et par les saint-simoniens! le duc de Broglie recevant ses inspirations d'instruction publique de je ne sais quels cotillons connus de tout le monde! car, à Paris, tout est public, même les choses cachées.

Il alla aussi loin qu'il put, ce ministère débile, malhabile, futile, ce résidu sans force, sans saveur, d'une révolution si énergique; il vécut, ce me semble, jusqu'en octobre, ou aux premiers jours de novembre suivant; et quand il expira, il s'était si fort usé dans sa courte vie, que de sa naissance il n'avait fait que passer à la vieillesse la plus décrépite. Un incident très-gai suivit sa chute. Dès le lendemain qu'elle eut lieu, voici M. Guizot qui monte à la tribune, et là sérieusement fait la leçon au nouveau cabinet, lui indiquant comment il fallait gouverner. C'était une merveille. M. Guizot n'oubliait qu'un point : c'est qu'il aurait dû donner l'exemple, avant que de professer le précepte. Jamais il ne fut acte plus ridicule d'une vanité que rien ne corrigeait.

Le troisième ministère fut formé des élémens suivans: *Justice*, M. Dupont (de l'Eure), dont le nom était encore une nécessité; *affaires étrangères*, le maréchal Maison; il ne conserva pas long-temps cette place : on préféra l'envoyer ambassadeur à Vienne; on redoutait ses fantaisies belliqueuses. On était certain de la pacifique humeur du comte Sébastiani, qui le remplaça : celui-ci avait perdu son peu d'éclat, depuis qu'il avait eu à lutter contre le soleil dévorant de juillet. Le comte Sébastiani, reste usé de l'empire, n'apporta au ministère ni haute réputation ni caractère décidé; atteint, depuis long-temps, d'apoplexie morale, il a fini par succomber sous celle toute physique qui l'a frappé dernièrement : il est encore un de ces cadavres vivans qui feignent d'exister, véritables vampires qui s'engraissent des trésors et du sang de la France. Il a fallu le comte Sébastiani, pour que la diplomatie française fût aussi complètement anéantie : c'est lui qui a la charge de la rendre la très-humble servante des puissances européennes; lui qui se met à genoux devant la Russie, et qui, pour dédommagement, injurie don Miguel; lui, enfin, dont la signature est toujours un acte de faiblesse; lui, chargé sans doute de conduire la pompe funèbre du gouvernement actuel.

Intérieur. . . . .
Il existait, à Paris, vers le milieu de 1830, un grand et gros garçon aux formes lourdes, à la figure agréable, mais sans physionomie, *bon enfant* dans l'étendue entière de l'expression, doux, simple, ami sûr, mari aimable, très-ardent à la chasse, à la pêche, au tir, aimant à monter à cheval, à *courre au clocher*, à varier ses costumes, à danser, à chanter, à jouer des instrumens, intime avec toute la petite littérature, ayant même fait la vingtième partie d'un vaudeville, ce qui en résultat est plus facile que d'écrire *Phèdre* ou *Mérope;* enfin, rempli de qualités estimables, et nécessairement aimé de ses alentours. Il

advint que ce bel aspect de jeunesse, que cette jovialité naïve, ce rire perpétuel laissant voir des dents blanches et bien rangées, cette construction en charpente de force, inspirèrent à plus d'une personne de haut rang que ce représentant de la jeune France serait un ministre parfait, un ministre type pour toutes sortes de portefeuilles; on se décida donc à lui donner celui de l'intérieur. Cette créature toute royale s'appelle *le comte Camille Bachasson de Montalivet*.

Or donc, en l'installant, on rallia au ministère le tiers des auteurs du Vaudeville, la moitié des habitués des tirs de Paris, cinq ou six petits journalistes, quelques ouvreuses de loges et onze vendeurs de contre-marques, acquisitions très-importantes et que l'on évalua fort haut. L'intérieur, dès ce moment, fut envahi par une foule analogue, qui transporta dans ce lieu vénérable les divertissemens de la jeunesse, sans en exclure le cheval fondu, le jeu de siam, les répétitions dramatiques, etc., etc. Avec un tel administrateur, l'ouvrage

Guizot fut continué à grande volée, les choix aussi habilement faits, et la France non moins bien administrée; mais quelques avantages manquèrent à ceux-là. M. de Montalivet, qui siffle un air à dire d'experts, ne parle pas à la tribune aussi agréablement; son *éloquence fait mal au cœur;* et chaque fois qu'il a ouvert la bouche, il ne l'a fermée que lorsque l'hilarité de l'Assemblée est en plein mouvement; il ne répond qu'à la prochaine séance. Elève de l'Ecole polytechnique, il réclame l'honneur de ce titre, afin d'abandonner l'Ecole polytechnique au ministre de la guerre. Il protége les incapacités avec une énergie d'instinct; aussi dans le ministère était-on à chercher le ministre sans pouvoir le rencontrer. Il usa plusieurs Mentors à divers titres; il usa le nom sacré de son père; il usa la bienveillance qui s'attache naturellement à la jeunesse et à l'inexpérience; et quand il fut bien constaté qu'il n'était plus bon à rien, lorsque mille preuves eurent démontré la nécessité de le renvoyer, on en fit un ministre de l'instruction publique, car une telle graine est précieuse à conserver.

Je tiens de gens instruits que sa nomination à l'intérieur a eu lieu en vertu d'une intrigue plaisante. Il est destiné de toute éternité à l'intendance générale des domaines de la couronne, parce qu'au château on ne peut se passer de cet excellent Camille. Il occupait ce poste depuis le 9 août, et faisait le désespoir des subordonnés et de certaines ambitions qui, quoique subalternes, n'en sont pas moins puissantes. Celles-ci convoitaient cette belle place, toute en dehors du mouvement politique, et en conséquence peu sujette aux commotions. La ravir d'emblée était impossible ; on imagina de l'enlever par un provisoire que plus tard on changerait en définitif.

Dès ce moment on ne cessa, en petit comité, de mettre en avant les talens supérieurs de Camille : il était, lui, le représentant de la jeune France, celui de l'Ecole polytechnique, si fière de lui appartenir, et qui serait si aise de l'avoir pour soutien ; l'espérance de la patrie, l'élu de tous les citoyens. Ce mot *citoyen* avait alors une sorte de magie ; car la royauté était encore *quasi-citoyenne*. Cela produisit son effet. D'ailleurs, on voulait tant de bien à Camille, qu'on s'avisa un beau matin que ce serait en effet un ministre superbe ; et comme son père l'avait été de l'intérieur, on lui en donna le portefeuille, afin de rentrer le plus possible dans la voie de l'hérédité légitime.

Voilà donc comment on imposa à la France un ministre de cette force, et comment les intrigans se débarrassèrent de lui.

Chaque fois qu'à Paris un homme arrive à une place quelconque, on peut hardiment rechercher la cause particulière qui l'y a conduit ; on finira par la trouver toujours, car jamais nomination n'a lieu dans le seul intérêt public ; un intérêt privé la décide toujours.

Guerre. Le maréchal Gérard, quoique appuyé sur le bâton qu'il s'était lui-même donné avec tant de grâce, achevait, selon la règle, de consommer sa réputation : on le trouvait par trop ginguet, étriqué, écourté, grêle, fluet; bref, il avait fait son service; et sous peine d'achever la désorganisation morale de l'armée, il fallait l'envoyer rejoindre ses pairs. Lui, d'ailleurs, avec une franchise louable, se reconnaissait incapable; il soupirait après le repos : on le lui procura, et le maréchal Soult prit sa place.

Le maréchal Soult arriva au ministère sous les auspices les plus favorables. On voulait bien ne pas se souvenir de ses coquetteries de procession et de lutrin envers la branche aînée, de sa longanimité à supporter les rebuffades de la cour des Tuileries, le tout pour parvenir à obscurcir d'un manteau de pair l'éclat de sa gloire militaire; on oubliait aussi les plaintes des peuples vaincus, écrasés par des contributions énormes; on ne se rappelait que d'une suite non interrompue de faits d'armes brillans, que de la vigueur salutaire d'une administration non moins utile aux conquêtes que la bravoure personnelle; on répétait sans cesse que lorsque la France expirait en 1814,

il avait été donné au maréchal Soult la fortune heureuse de la faire briller d'un dernier rayon; on connaissait son activité, l'étendue de ses lumières, la profondeur de son regard; et, certes, on était assuré qu'il ne s'enterrerait pas plus dans son portefeuille qu'il ne se noierait dans un pot... de vix; lui actif, lui sobre, lui la fiche de consolation de la révolution de juillet. . . . .
. . . .

Finances. Elles furent dévolues à M. Laffitte, avec la présidence du conseil ; M. Laffitte, autre malheureux de juillet, car il y laissa et fortune et famosité; autre parahélie que l'on se flattait d'accommoder en manière de soleil réel, et qui se dissipa, frêle vapeur qu'elle était, au premier souffle du vent terrible de la mise en œuvre. Mon cœur saigne à rappeler seulement le travail perpétuel autant qu'inutile de ce pauvre M. Laffitte, pour laisser croire qu'il restait quelque chose, pour dissimuler aux yeux attentifs que définitivement il n'était rien. Hélas! la preuve patente n'en fut que trop promptement acquise! On reconnut, à ne pouvoir en douter, que l'on peut être un excellent chef de maison de banque et un mauvais homme d'Etat, et que l'art d'aligner des chiffres pourrait bien ne pas être celui de gouverner les nations.

J'insiste sur ce point ; c'est une des illusions, ou, si on aime mieux, des erreurs de l'âge actuel : il passe en chose décidée que tout manufacturier, tout banquier, tout homme de bourse, de négoce ou de spéculation, est nécessairement apte à administrer le royaume de France. On ne voit pas ce qu'a de mesquin la vie industrielle ; que, loin d'inspirer de grandes pensées, elle resserre l'esprit, le cœur et le coffre-fort ; qu'un négociant, qui dans son intérêt doit être cosmopolite, ne sera jamais franchement patriote, parce qu'en dehors de la patrie marche la maison de commerce, et qu'il faut, avant tout, faire ses paiemens à la fin du mois.

Dans d'autres temps, chez d'autres peuples, on a agi peut-être mieux ; mais en France, et au jour actuel, chaque fois qu'un marchand arrivera au timon des affaires, tout sera réglé dans l'avantage de *la raison N*** et compagnie;* les fluctuations de la Bourse, le plus ou le moins de value serviront de balancier à la politique, de contre-poids aux intérêts nationaux. La chose est si vraie, que la Belgique aurait été réunie à la France, si les mines de charbon de Mons n'eussent, dans ce cas, ruiné celles d'Anzin, qui appartenaient en partie à M. Casimir Périer. Enfin, la vraie cause de la destitution du préfet du Rhône, M. Dumolard, provient uniquement de ce qu'il s'opposait à certains profits que quelques Périers auraient retirés d'une construction en un certain lieu, et que lui voulait placer en un autre.

Voilà ce qui a toujours résulté de l'admission des négocians, à la conduite des affaires publiques; aucun ne résiste à en faire une particulière. On n'a pas oublié encore les fournitures, les pots de vin, et tout ce scandale de tripotage honteux consacré par le jugement solennel qui a mis le pouvoir hors de cour, sans pour cela le purifier davantage.

Certes, je ne veux pas accuser M. Laffitte de s'être sali de ce hideux négoce, je l'en crois totalement innocent. Mais enfin, il y a eu des sommes prêtées, ou point rentrées à temps, et toujours quelque chose de mercantille dans la haute région politique, actes que certes on ne reprochera ni aux Doudeauville, ni aux Montmorenci, ni aux Chateaubriand, ni aux Hyde de Neuville. Les habitudes d'un lucre journalier, d'un gain sur tout ce que l'on touche ne peuvent disparaître en un instant; et lorsqu'on est arrivé marchand manufacturier ou banquier à un ministère, on s'y conserve banquier, manufacturier ou marchand.

M. Laffitte se noya non moins que les autres, dès son entrée en fonction. Ce ministre dirigeant fut dirigé par tout le monde. Pygmée chargé du globe de la France, il le laissait tomber en toutes mains; sa réputation politique s'évanouissait en même temps que sa fortune privée : ce double vaisseau faisait eau de toutes parts. Le ministre président du conseil avait besoin de conseillers habiles et discrets, il en trouvait d'inhabiles et de bavards : il allait à droite, à gauche, en manière d'ivrogne; et certes, en effet, il était pris du vin de l'ambition. Enfin, il se montra tellement au-dessous de son poste, que le roi, qui a du sens, comprit que l'attachement devenait un péril, quand il fallait le préférer au génie. Il commença par faire le travail à part soi; et un beau matin, ayant embrassé M. Laffitte sur les deux joues, lui fit dire par M. Vatout d'aller se donner tout entier à la liquidation de sa maison de banque.

Le ministère III se compléta au portefeuille de l'instruction publique par M. Merilhou.... Celui-ci a montré en combien de façons on peut employer le temps et ne rien faire. Il tirait si fort les heures, qu'il en faisait des journées toutes employées à musarder. Sa première audience durait encore au moment de sa chute à tel point, qu'il n'avait su se démêler de la foule des solliciteurs : c'était pitié que de voir en fonction un tel homme, dont les bonnes intentions disparaissaient en présence de son ahurissement perpétuel; vrai chevalier tardif, noyé en permanence dans un verre d'eau. Je suis assuré que pendant la durée de son ministère, il n'a pas mis à jour un dossier. Au demeurant, âme honnête, point vénale, presque indépendante, mais aimant la cour à la manière de la bourgeoisie, c'est-à-dire en babauds éblouis et charmés de tant d'éclat.

Le ministère ainsi formé, ne fut pas mieux que le précédent, hors qu'il sauva la vie à ses confrères du temps de Charles X, qu'il eut la velléité de faire abolir la peine de mort pour crime politique, ce que les libéraux-républicains empêchèrent, et ce dont ces citoyens se dépitent aujourd'hui. On entama le budget de la royauté à bon marché, à raison de seize cent millions par an; puis celui de la liste civile, qui, bien qu'en projet et réduit depuis, a été soldé au taux de la proposition primitive, attendu que dans ce cas, on a réputé l'intention pour le fait. Ce fut pendant ce ministère que la Belgique fut enlevée à la France, que l'on décida que la Pologne serait abandonnée, qu'on se détermina à dire aux Italiens de se taire, et qu'on les livra aux Autrichiens, que les émeutes pullulèrent dans tout le royaume; que la dévastation de Saint-Germain eut lieu, ainsi que la démolition complète de l'Archevêché; le tout sous la protection du ministère.

Que la famille royale (la branche cadette) fut dépouillée du blason de ses armes par la volonté expresse de la plus vive canaille de Paris, ce qui complète la renonciation du nom en 1792.

Il était difficile qu'un pareil ministère continuât son existence; il croula en partie; et de ses débris, on composa celui qui vient en quatrième, et qui est connu sous la désignation de *pensée du 13 mars* 1831. Sans doute pour faire pendant à celui qualifié aussi de *pensée du 8 août* 1829.

Le remaniement fut peu de chose. Déjà M. Dupont de l'Eure avait été congédié en compagnie de M. de Lafayette. Tous les deux étant hors de service, M. Mérilhou était trop ami et trop chargé des marques d'attachement de M. Dupont de l'Eure pour partir avec lui... Il le remplaça... Nous sommes dans un siècle positif, et dans une monarchie où tout se pèse au poids du sanctuaire..... Ce poids, chez les Juifs, était d'or. Le délicat M. Mérilhou nous avait donné ses étrennes en prenant, au 1er janvier, le ministère de la justice, et en cédant le sien à M. Barthe; ainsi que M. Sébastiani, en allant aux affaires étrangères, avait mis à la marine, en son lieu et place, M. d'Argout.

Or, au 13 mars, un autre remaniement eut lieu. Comme M. Mérilhou avait donné à M. Dupont de l'Eure la marque d'amitié de le dévêtir de la simarre, M. Barthe ne refusa pas à M. Mérilhou la même preuve de dévouement; il passa donc à la justice. L'excellent Camille quitta l'intérieur, où s'inaugura M. Casimir Périer, et alla continuer ses études, déjà avancées, à l'instruction publique. M. Louis revint aux finances, plus enchanté encore cette fois d'y retrouver ce bon voleur Kessnner, dont, je le répète, aucun ministre ne pouvait se passer. Les honnêtes gens qui n'escroquent ni ne jouent sont les seuls que l'on chasse au premier mot. On mit à la marine M. le vicomte de Rigny. Celui-là, impatient de s'éteindre comme les autres, et de perdre dans son ministère sa part des lauriers de Navarin : c'est, dit-on, une spécialité ; ce n'est pas au moins une bouche éloquente ; il parle peu et mal; il a bon besoin de bien faire.

M. d'Argout avait trop bien mérité de la révolution de 1830, en brûlant le drapeau tricolore en 1815, pour qu'on pût se passer de lui. On accommoda une sorte de ministère avec des bribes de celui de l'intérieur ; cela fit une pâtée administrative fort nourrissante, attendu la rétribution annuelle, et on intitula cette création *travaux publics et manufactures.*

Chacun ainsi casé, M. Périer commença le branle. Il imposa silence à ses collègues, les menant au doigt et à la baguette. *Ici, d'Ar-*

gout! en avant Montalivet! Chit! chit! paix là! Sébastiani. Ses formes, ses manières sont connues ; lui et les siens auraient bien voulu qu'on le prît pour un aigle, et nul ne lui en contesta les serres crochues ; mais ce fut tout. L'Europe ne continua pas moins à marcher hors de notre sphère d'activité, et au contraire, entraînant la France dans la sienne.

Ceci déplaira, sans doute, à ceux qui continuent la mystification consistant à vouloir faire du banquier Périer un grand homme ; certes, je ne nierai point ses qualités, son esprit, son habileté en spéculations vulgaires, son art de la parole, ses vues assez ingénieuses ; mais là s'arrêteront les éloges que je lui donnerai.

M. Périer n'était ni un diplomate ni un législateur ; marchand avide, opiniâtre, colère, vindicatif, il se montra si furieux envers l'opposition, que c'était pis que rage. Il ne sut pas se défaire des formes lourdement despotiques d'un chef de manufacture, et s'obstina à traiter la Chambre des députés avec l'arrogante rudesse dont il traitait ses ouvriers; jamais il ne parut, dans cette Chambre, ministre plus irascible, plus hautain, plus tyran; il fallait lui obéir en tout, ou encourir sa haine : il voulait être Dieu par son infaillibilité. L'a-t-on vu, quand un orateur combattait son opinion? alors sa figure pâle verdissait; un éclair méchant partait de ses yeux et l'écume sortait de sa bouche; ses mains se crispaient, son corps frémissait, tous les muscles de sa face se contractaient hideusement, et des paroles outrageantes, vénéneuses, s'échappaient entrecoupées de ses lèvres sautillantes et bleuâtres; tout alors rappelait en M. Périer le marchand maître absolu, à son comptoir, dans ses bureaux ou à son usine : celui à qui nul ne résiste, que tous craignent, qu'on évite et auquel on obéit sans mot dire.

Car, et que le peuple ne s'y trompe pas, le despotisme est inné dans le commerce. Le peuple est, par le malheur de sa position, en mesure de s'approcher chaque jour d'un industriel : comment en est-il reçu et traité ?

Qu'il se remémore l'impertinence, la froideur, l'égoïsme et l'inhumanité de cette noblesse d'argent, qui cherche à diminuer d'un sou, de deux liards, le travail pénible du pauvre, et qui, loin de l'en dédommager par la douceur des formes, aggrave la position si pénible de l'ouvrier par tout ce que la morgue arrogante a de plus cruel et de plus amer.

M. Périer montrait si bien, dans ses rapports avec la Chambre des députés, qu'il la regardait comme sortie du peuple, que, par un contraste facile à reconnaître, il se conduisait différemment envers celle des pairs. Il était, dans la première, le manufacturier riche, et qui méprise ses égaux moins riches que lui; tandis que, dans la seconde, il devenait le marchand, toujours porté à enjôler les chalans de haut étage. Ici, sa voix s'adoucissait, ses formes étaient obséquieuses ; il supportait la résistance, n'y répondant qu'avec la soumission provoquée par le calcul arrêté du lucre qu'elle lui rapportait. Certes, chez les pairs on n'a pas ménagé M. Périer et son système; eh bien! il a été constamment, au Luxembourg, humble, poli, flatteur et rempli de modération et d'abnégation personnelle; en un mot, marchand parfait : despote de ses subordonnés et valet de ceux qui achètent.

Quant à son système, j'espère qu'on ne me l'opposera pas, et cela par la raison qu'il n'en eut pas; il continua celui qui a traversé M. Guizot, M. Lafitte, et qui se perpétue avec le système du minstère passé, présent et futur. M. Périer ne fit que des fautes : l'expédition de Lisbonne, celle d'Ancône, les conspirations factices, les métalens soutenus, la Pologne abandonnée, un traité ruineux avec les Etats-Unis, traité qui, sans doute, a eu ses pots-de-vin. N'est-ce pas à M. Périer qu'on doit la police confiée à M. Gisquet? le sauvetage Kessnner, sur lequel je reviendrai sans fin et sans terme? le duc de Rovigo, à Alger? Quelles mesures avait-il prises contre le choléra, qui l'a tué? aucune. A quoi servaient les fonds énormes de sa police générale ? à rien. A-t-il prévu le coup d'Etat de la duchesse de Berri ? Savait-il un mot de l'affaire de la rue des Prouvaires ? Les émeutes des rues ont continué, sous son administration, comme auparavant ; le pain a constamment renchéri et la misère augmentée ; chaque ville a fait sa révolution. Est-ce lui qui a pacifié Lyon ? n'est-ce pas lui qui a calomnié indignement la ville de Grenoble ? les protocoles sont-ils arrivés à leur fin ? le duc de Modène a-t-il reconnu Louis-Philippe, pendant le ministère Périer ? et ce roi n'a-t-il pas eu l'affront de ne pouvoir élever à l'épiscopat l'aumônier de sa femme ? Quels cœurs ce ministre gagna-t-il à son souverain ? dans quel royaume étranger fit-il respecter la France ? Il voulait la pairie héréditaire ; il a dû l'accepter élective. Il mettait son existence politique au prix de la nomination de M. Girod de l'Ain à la présidence de la Chambre des députés ; et si ce bon M. Girod de l'Ain ne s'était donné sa voix, M. Périer en aurait eu le déboire. Aucune de ses mesures n'a réussi; il n'a pas amélioré le sort de la France, mais a largement augmenté son budget : en un mot, ministre d'un parti sans talens, il a administré au niveau de ce parti; il est mort sans laisser ni regret ni trace.

Le ministère n° 5, advenu à la mort de M. Périer, repose sur les épaules du jeune Atlas Montalivet, et sur la vieillesse ragaillardie de M. Girod de l'Ain, dont on a fait la monnaie de M. Périer, ce qui prouve victorieusement le peu de valeur de cette dernière pièce.

CHAPITRE XI.

Un rêve fait dans le jardin des Tuileries.

Je m'endors. Rêve. Les habitans des Tuileries, au temps de Robespierre, de Napoléon, de Louis XVII. En 1815. Plus tard. Sous Charles X. Depuis 1830. On prétend que je n'ai pas rêvé.

> Le serpent change de peau, et le flatteur de vêtement : c'est en eux la seule métamorphose.
> (*Recueil de maximes.*)

Je m'occupe d'histoire naturelle, et je rédige un Mémoire sur les caméléons. Ce travail nécessairement me conduit aux Tuileries, où l'on peut traiter *ex professo* la matière beaucoup mieux que partout ailleurs. Hier, j'étais dans la grande allée, ma chaise adossée contre un oranger ; je fermai les yeux, afin de mieux me recueillir au milieu de la foule passant et repassant autour de moi. Le sommeil me surprit dans cette position tranquille.....

Quelque temps après, le chevalier de C*** vint à moi.

« Que faites-vous là ?

— « Mon grand ouvrage sur les caméléons.

— « Venez au château ; il y a parfois des sujets rares. »

Je le suivis.

Ma surprise fut extrême, en approchant du pavillon de l'Horloge, de voir quelques centaines d'hommes débraillés, en carmagnole, la tête chargée d'un bonnet rouge, et montant la garde la pique à la main. J'avançai, cependant ; et avec mon conducteur, nous montâmes le grand escalier.

Il allait et venait une foule de personnages à mine furieuse ou épouvantée, coiffés du bonnet rouge, chantant des hymnes à la liberté, à l'égalité, et qui tous s'agenouillèrent devant un groupe d'individus dont je crus reconnaître les visages...; c'étaient Marat, Danton, Saint-Just, les Robespierre, Collot-d'Herbois, Couthon, Lebon, Carrier, Fouquier-Tinville, etc. : on les encensait ; on en faisait des dieux..... Marat, en passant, et avec une cordialité farouche, toucha dans la main d'un sans-culotte, mon voisin.

« Qui est celui-là ? demandai-je à mon conducteur.

— « C'est Egalité. »

Je fis un mouvement d'horreur si extraordinaire, que, lorsque je revins à moi, la scène avait changé de face. Ce n'étaient plus que des habits couverts de broderies d'or, d'argent et de soie; sur chaque poitrine étincelaient une ou plusieurs croix ; chaque tête était nue, mais un chapeau, à plumes et à ganse d'acier, jouait sous un bras respectueux : c'était, au demeurant, le groupe de sans-culottes que je venais de voir; il n'avait fait que changer de costumes. Ceci me fit rire. Une voix perçante cria : *L'empereur !....* A ce nom magique, les genoux fléchirent de nouveau, et l'adoration recommença. Napoléon traversa avec lenteur la foule obséquieuse, atteignit la porte de la salle du trône, et disparut.

Soudain, j'aperçus aux chapeaux une énorme cocarde blanche, que des mains invisibles attachaient ; et un ruban blanc, auquel pendait une fleur de lis, flotta sur toutes les poitrines. La même voix qui venait de se faire entendre annonça : *Le roi, messieurs;* et Louis XVIII parut. Il marchait avec peine, souriait à tous, et reçut des hommages qui partaient du cœur : c'était un enthousiasme de transports d'amour...

Le roi s'en alla..... Il n'était pas hors du salon, que ces messieurs s'étaient déjà débarrassés de leurs cocardes et rubans blancs, et que, se tournant vers la porte, ils saluèrent par mille protestations de dévouement l'empereur, qui rentra en courant, et qui avec la même vîtesse partit.

Ces messieurs, au lieu de s'amuser à le suivre, reprirent les fleurs de lis et la couleur des Bourbons; et Louis XVIII, à sa seconde apparition, les trouva à genoux, et bien plus dévoués à lui cette fois, parce qu'on pouvait beaucoup plus compter sur la stabilité de son règne.

Quelque temps après, Charles X traversa à son tour l'appartement. Je vis ces messieurs tirer de leurs poches un chapelet, un cierge et un missel. Ici, je ne pus m'empêcher de regarder le chevalier de C***, qui comprit mon langage muet ; et se penchant à mon oreille : « Faites bien attention, me dit-il, que « dans cette foule il ne manque ni généraux « ni administrateurs jacobins ou de l'empire. »

Mais, comme il achevait de parler, voilà qu'un tapage épouvantable s'éleva dans la cour du château. Ces *messieurs* se mirent aux croisées, examinèrent ce qui se passait.... Je les vis se ranger précipitamment en ligne, ayant au préalable remis en poche les rubans blancs, qu'ils remplacèrent par d'autres aux trois couleurs. La même voix qui avait fonction d'annoncer chaque majesté, ne manqua pas à son poste ; elle proclama, avec l'accent du tonnerre : *Citoyens ! voici le souverain....*

C'était le peuple ; il défila devant nous, au milieu de *ces messieurs* couchés à plat ventre, et n'ayant pas d'ailleurs assez de voix pour exprimer au peuple la vivacité de la tendresse qu'il ressentait pour lui.

Le peuple ne parut pas les entendre ; il s'en alla gaiement, jouant avec la couronne. Puis l'aboyeur cria : *La meilleure des républiques !* c'étaient le général Lafayette et le duc d'Orléans, qui se montrèrent enlacés dans les bras l'un de l'autre. Ici, *ces messieurs* eurent l'air un peu embarrassés ; ils demandèrent qui était le président. « Il n'y en a pas encore, » répondit-on. Alors ils se mirent à adorer les deux inséparables. Ce ne fut pas pour long-temps ; car Louis-Philippe ayant paru le sceptre à la main, *ces messieurs* se remirent à genoux, et recommencèrent leur manége ordinaire.

Je n'en pouvais revenir ; pas un de ces visages n'avait changé. De nouveaux s'y adjoignaient, tous fort jeunes et presque imberbes : ceux-ci, dès le début, se montraient aussi bons *génuflecteurs* que leurs aînés.

Le même soir, ayant rencontré M. de C***
aux Tuileries, je lui racontai le songe que je
venais de faire; il m'écouta gravement, et
puis me soutint que je n'avais pas rêvé.....
« Vous avez assisté à la comédie que *ces mes-*
« *sieurs* jouent depuis quarante-deux ans. »

CHAPITRE XII.

La police au château des Tuileries.

Napoléon et les Bourbons étaient mal gardés aux Tuileries. On garde beaucoup mieux la branche cadette. Gardes avant la jardin, dans le jardin, dans la cour et aux environs. Police A..., toute militaire. Police R..., toute civile. Choc entre elles deux. Autre centaine de police. Le demi-saucisson, anecdote. Le portrait du roi pris pour une caricature. Police V..., toute occulte. Qui la compose. Ce qui résulte de ces polices. Les espions dans le jardin. A quel signe ils reconnaissent le jobard et le malin.

> Et ne devrait-on pas à des signes certains
> Reconnaître le cœur des perfides humains ?
> (RACINE, *Phèdre*, acte IV, scène II.)

J'AI toujours entendu dire que Napoléon se faisait garder avec soin, et j'ai toujours vu qu'on arrivait à lui sans aucun obstacle. Le maréchal Suchet, dans les provinces ou à l'étranger, était entouré d'une foule de soldats, de surveillans bien plus nombreuse que celle placée auprès de l'empereur. On entrait à volonté aux Tuileries, le grand escalier était ouvert à quiconque portait un habit habillé, et jamais ni à moi, ni à ceux de ma connaissance, on n'a demandé où nous allions; quand il nous prenait fantaisie de nous présenter au château.

Ce fut bien pire pendant la restauration : on venait là un peu plus librement qu'à la foire; les grands et petits escaliers, les corridors, les caves, les galetas, les appartemens de cérémonie; ceux même de l'habitation journalière, étaient parcourus sans relâche et sans obstacle. Ces tyrans de la branche aînée....

Par l'amour de leur peuple, ils se croyaient gardés.

Et pourtant ils devaient savoir comment on assassine les rois et les princes; car ils avaient eu parmi eux des princes et des rois assassinés : ils possédaient un courage moral qui n'a plus d'écho. Aujourd'hui on rend raisonnable cette folle parodie d'un autre vers célèbre :

Je crains tout, cher Abner, et crains bien plus encore.

Si du moins le roi Louis-Philippe est étranger à cette crainte, et je demeure persuadé qu'elle n'est pas en lui, ses serviteurs la poussent à un excès tellement exagéré, qu'il est à la fois ridicule et odieux ; ridicule, car il contraste avec le populaire de la royauté ; odieux, en ce qu'il semble vouloir faire croire que chaque Français est un Ravaillac.

Les rois sont bien à plaindre ; ceux qui les entourent font toujours assaut entre eux de sottises, qui toujours retombent sur les rois. Par exemple, c'est aujourd'hui chose convenue que Louis-Philippe règne en vertu de la volonté nationale, et du vœu de l'immense majorité des Français. Quiconque oserait élever seulement un doute sur ce point, irait droit en Cour d'assises. Eh bien ! le roi Louis-Philippe est gardé contre le peuple, lui qui en est adoré, autant que le fut Louis XI, qui en était l'exécration. En voici la preuve :

Arrive-t-on par la place Louis XV, il y a un bataillon de service à l'hôtel de la Marine, deux compagnies dans des corps-de-garde de bois construits au bout du quai et à la fin de la rue de Rivoli; plus, quatre compagnies de troupe de ligne et de garde nationale à la grille du Pont-Tournant; plus, un double cordon de sentinelles, placées de cinquante en cinquante pas sur les terrasses des Feuillans, du bord de l'eau et de la place Louis XV; plus, deux régimens de cavalerie dans les casernes voisines; plus, un bataillon sous les arcades de la place des Pyramides, sans compter ceux du ministère des finances; plus, cinq ou six corps-de-garde de toutes armes dans la cour du château; plus, un escadron de cavalerie sous la galerie du Musée; plus, un autre dans l'hôtel de Crussol; plus, un bataillon dans l'ancien hôtel des Pages; plus, un autre dans la rue Saint-Thomas du Louvre; plus, de la garde urbaine dans les écuries du roi;

plus, la grand'garde de ligne à cheval, et nationale, dans la galerie de la rue de Rivoli : enfin, et sous la main, l'état-major-général de la garde nationale sur la place du Carrousel.

Voilà pour la partie militaire.

Le jardin, les cours, l'intérieur sont, sans relâche, parcourus et explorés par des nuées de surveillans, d'exempts du château, de visiteurs, d'observateurs, avec ou sans costume. Les domestiques sont divisés en deux classes : ceux qui couchent au palais, ceux qui n'y font qu'un service de jour. Les premiers sont embrigadés, et ont auprès de leur lit une carabine. Des postes échelonnés garnissent la galerie des tableaux et le Louvre, aussitôt que la nuit est venue. Il y a alors aussi sur les combles des veilleurs, qui examinent ce qui se passe à l'entour du château. Des rondes perpétuelles ont lieu en dedans et en dehors de l'enceinte. Le commandant militaire du château, lieutenant-colonel Castre, en a la direction, et le zèle dont il fait preuve ne nuit pas à son embonpoint.

Il y a, en outre de ces précautions apparentes, deux polices connues dans le château, et nécessairement ennemies. Il y en a une troisième toute occulte, et qui n'est pas la moins instruite. La première des deux avouées a une physionomie guerrière ; elle est sous la direction de M. A***. Celle-ci est attentive au choix des gardes nationaux qui viennent faire le service : elle étudie leurs opinions ; elle finit par écarter sans bruit ceux qui pensent mal ; elle fait des écoles, témoin l'affaire qui a eu lieu relativement à ce citoyen dont le nom m'échappe, et qu'on a voulu retirer de vive-force de sa faction, *sous prétexte* qu'il n'était pas en costume.

Cette police a aussi des notes exactes sur la statistique d'amour et de dévouement des officiers de l'armée : elle scrute les consciences ; elle stimule la tendresse naissante, et s'attache à étouffer d'anciens souvenirs ; elle dresse le tableau de ceux à craindre, à ménager, à récompenser ; elle est sévère, inquiète, ombrageuse ; elle se meurt d'envie d'être rude, et n'ose pas encore : elle osera plus tard.

La seconde police, confiée à M. de R***, est civile, c'est-à-dire qu'elle n'est pas militaire : celle-ci a le département de la haute et basse valetaille, qu'elle inspecte. Quiconque habite ou fréquente les Tuileries; quiconque y mange, ce qui est rare, ou en tire sa vie, chose encore moins commune ; ceux qui vont y briguer des places le matin, ou s'y rafraîchir plus tard, *en soirée;* ceux même qui se promènent dans le jardin à des heures du jour, ou qui traversent la cour en ligne droite, ainsi que je l'ai fait observer ailleurs; ceux qui viennent visiter les officiers, les domestiques de la maison, les parens et amis des gardes nationaux de service, les cuisiniers, entrepreneurs, les frotteurs, porteurs de bois, tapissiers, lampistes, en un mot tout ce qui agit et se meut dans l'enceinte des Tuileries, aussi bien que dans les rues adjacentes, tout cela, dis-je, ressort de la police ruminante de M. de R***.

Elle est sujette aussi à commettre d'étranges bévues, à prendre le blanc pour le noir ; elle a mis souvent tout le château en émoi, et pour bien peu de chose. Un jour, par exemple, on arrêta net dans le corridor noir une femme de chambre de Mme Adélaïde, soupçonnée de tramer une conspiration. Elle fut prise en flagrant délit ; mais, au lieu d'une machine infernale qu'elle portait enveloppée dans une serviette blanche, on trouva sous le linge un demi-saucisson d'Arles, qu'elle venait d'acheter pour sa maîtresse, qui n'aime pas les grosses provisions. Une autre fois, un monsieur, signalé pour colporter des carricatures anti-royales, fut saisi..., et on lui enleva le portrait au naturel du roi ; ce qui fit faire à l'empoigneur une laide grimace.

Attendu qu'il y a émulation entre les deux polices visibles, il y a rivalité et nécessairement querelle parfois. Chacune a la manie de l'empiétement ; la civile travaille à l'encontre de la militaire, qui le lui rend de son mieux, et le tout *pro Deo gloria*. De ce choc jaillit des étincelles ; on se gronde, on se boude, puis on se raccommode, parce que tout le monde s'en mêle dans la maison. Ces polices ne se contentent pas de se chagriner réciproquement; elles vont jusqu'à lutter avec la police de la garde nationale, qui en a une très-bien organisée, avec celle de la place de Paris, avec celle du commerçant en huile et en fusils, M. Gisquet, avec celle du ministère de l'intérieur, avec celle du ministère des travaux publics, puis avec la particulière à chaque administration, à chaque mairie; car on ne saurait croire le nombre effroyable de polices dont Paris est couvert depuis que la Charte est devenue une vérité. Chaque portion de la société publique ou privée, académies, écoles, salons, tout est soumis à une investigation minutieuse. Vous avez vu tout nouvellement M. Gisquet, qui n'y va pas par deux chemins, charger le corps entier de la médecine du service des mouchards; il y avait mis sans doute une prime secrète, et dès lors ne doutait pas que la médecine, en ouvrant la main, fermât la bouche : il s'est trompé.

Au demeurant, il en est des deux polices

du château comme de toutes les autres : elles ne servent à rien ; et leur nullité ne tardant pas à leur être insupportable, elles en viendront aussi à faire des conspirations du *bord de l'eau* ou du *baril de poudre,* petites plaisanteries destinées à donner de l'importance aux sauveurs permanens du château.

Mais, bien au-dessus de ces deux polices, et cachée sous un triple voile que je suis le premier à soulever, il y en a une autre supérieure, plus méticuleuse, plus âpre, mieux servie, et qui a les yeux et les oreilles ouverts sur toute l'étendue du château et des hauts fonctionnaires du gouvernement. Celle-ci, toute mystérieuse, toute occulte, a pour chef unique un homme de lettres, ou soi-disant tel; il ne se sert que de personnages distingués, que de femmes riches. Il a eu à choisir dans les notabilités actuelles : les seules sur lesquelles il n'a pu mordre qu'imparfaitement, sont retirées dans le faubourg Saint-Germain. On l'a mieux accueilli dans ceux de la haute banque. Ce directeur est secondé encore par d'autres prétendus littérateurs vendus au pouvoir, depuis que le pouvoir quelconque a voulu les acheter, de quelques artistes faméliques, de certains épauletiers et de l'armée et de la garde nationale. Il y en a qui ne bougent des appartemens du château : on y voit des gens de comptoir et de plume ; c'est à faire pitié.

Cette troisième police est en perpétuelle défiance ; chacun de ses membres veille sur son voisin ; les rapports sont journaliers et signés, oui signés, contre l'usage : c'est un joug auquel l'espion privilégié doit se soumettre ; on l'en récompense par un grade, une décoration, une *minute* un peu chère à faire lever, un tableau commandé, une brochure ou un article payé raisonnablement ; car en ceci on s'exécute par une place, un bureau de plein rapport, une pension de la main à la main, si mieux on n'aime une sinécure.

Avec toutes ces précautions, on a l'avantage de savoir, le lendemain, ce que Paris sait de la veille; de tourmenter les existences, sans mieux gagner les cœurs; d'acquérir la certitude du malaise et du mécontentement général. On apprend combien coûtent les amis, les dévoués, les fanatiques; que la fidélité doit être soldée, sans quoi elle passe à la tiédeur et même à l'indifférence; que le zèle est cher; que l'amour est hors de prix, et que la constance est introuvable.

Les habitans du château connaissent les polices A*** et R***, et soupçonnent la police V***; aussi leur conversation est toujours montée au ton de l'enthousiasme et de la fureur : le premier en l'honneur de la maison; le second contre ceux qui en veulent à la maison. Ces bonnes gens tombent chaque jour davantage dans cette courtisanerie flagorneuse et toute d'autrefois; ils en apprendraient à messieurs de l'ancien régime.

Ce n'est pas au château qu'ont lieu les rapports de la troisième police; il y a en dehors un lieu plus isolé, plus commode, où l'on se glisse furtivement, et où l'on rend compte de ce qu'on ignore, ou de ce qu'on invente la plupart du temps.

Ce n'est pas tout : il y a dans le tourbillon particulier de chaque membre de la famille royale des personnes officieuses qui font, pour le menu plaisir de leurs maîtres, une police au petit pied. Celle-ci n'est pas sans importance ; elle porte coup : c'est d'ordinaire contre les ministres, contre ceux qui ont accès dans une demi-familiarité qu'elle a lieu ; c'est par elle qu'on a éloigné deux princesses de M. Laffitte, qu'elles n'aiment pas ; qu'on inspire de l'aversion pour tel ou tel homme d'Etat, pour tel ou tel seigneur ou dame d'autrefois ou d'aujourd'hui qui rôdent à l'entour d'un portefeuille, ou d'une place dans la haute domesticité du château.

Il est bien entendu que la famille royale ignore le manége dont elle est dupe, qu'on la trompe en ayant l'air de la servir ; mais peut-elle démêler le piége ? tous les royaux habitans des Tuileries y ont été pris.

Quand vous passerez dans le jardin, le long du double saut-de-loup,

Rare et sublime effet de l'imaginative

de M. Percier-Fontaine, méfiez-vous de ces hommes presque bien mis, à rouge trogne, à gros favoris, qui vous suivent de l'œil et de l'oreille; ils sont là par l'ordre de l'une des polices du palais, car ce lieu est la pierre de touche où se manifeste l'opinion des promeneurs. Quiconque s'écrie en cheminant : *Ah! le joli petit jardin! Que disait donc mon voisin, que ça faisait mauvais effet? Mais c'est comme une plate-bande! Notre bon roi doit bien avoir de l'agrément à s'y carrer seul avec son épouse, ses messieurs et ses demoiselles;* quiconque, dis-je, tient ce langage, est un ami de l'ordre public, un digne boutiquier n° 1. Mais quand on se hâte de traverser en jetant un regard de dédain sur cet encombrement de statues, quand on fait la réflexion que la régularité de l'œuvre de

Le Nôtre n'existe plus......., soudain un geste vous désigne à des gens qui prennent votre signalement, à d'autres qui vous suivent dans vos courses ; et ceux que vous allez visiter, et vous-même, êtes couchés sur le livre noir de la triple police du château.

CHAPITRE XIII.

Macédoine.

La liste civile de Louis-Philippe comparée à celle des Bourbons. Economies nécessitées par la ladrerie des Chambres. Ce que Louis-Philippe n'a pu donner à la France. Ce que la branche aînée lui a donné. L'abbé Guillon. La Correspondance de la reine Marie-Amélie avec l'archevêque de Paris. Celui-ci est sans domicile connu. Propos d'un financier noble. De l'art culinaire aux Tuileries. On supprime au château la salle de spectacle.

> Bona fortunæ *sunt est illius animus qui es possidet :*
> *Qui uti scit, ei bona; illi qui non utitur rectè, mala.*
> (*L'Heautontimoruménos*, acte 1er, scène III.)
>
> La valeur des biens de la fortune est dans l'âme de celui qui les possède : biens réels qui sait en jouir, et maux pour qui en abuse.

UNE sage économie préside aux Tuileries : elle est là très-convenable ; le roi est pauvre, et sa famille nombreuse.

La liste civile est chétive; à peine si elle atteint vingt millions annuels, en y comprenant douze millions fixes, un million pour le prince-royal, plus les domaines de la couronne, etc.

Il est vrai que la royauté actuelle n'a

Ni gardes-du-corps, auxquels la branche aînée donnait annuellement trois millions;

Ni grande-aumônerie, qui coûtait un million;

Ni vénerie, dont la dépense s'élevait, bon ou mal an, à deux millions;

Ni des grands-officiers, avec un service nombreux dont chacun d'eux était le chef, et qui coûtaient encore cinq millions au moins;

Ni chapelle musicale, très-bien rétribuée;

Ni une liste de pensionnaires, montant à neuf millions;

Ni une immensité de bouches à nourrir, sous tant de dénominations et à tant de titres;

Ni les secours à fournir aux émigrés et aux Vendéens, qui aujourd'hui s'en souviennent;

Ni ces cadeaux nombreux, passés en usage;

Ni ce luxe de la vieille royauté, dont l'ouvrier et le pauvre avaient une si grosse part;

Ni, enfin, ces sommes distribuées aux malheureux dans tous les coins du royaume; car il y avait des infortunés pendant le règne de la branche aînée, et maintenant chacun est riche, heureux et citoyen : ce qui fait que le roi n'oserait offrir sa bourse à personne, et que les libéraux d'ailleurs rougiraient d'y puiser. Ceci est positif; et je signale à l'avance en sa qualité de carliste, celui qui me contredira en soutenant que nous ne crevons pas tous de bonheur.

Une si forte diminution sur la dépense allège un peu sans doute les charges de la liste civile, qui cependant est, on peut le dire entre soi, mesquine à faire rougir : aussi le roi, débarrassé du fardeau énorme que je viens de signaler, a dû se réduire beaucoup sur le reste; et partant il a rétribué à quatre mille francs tel emploi qui en avait huit mille, en a réuni deux, trois sur la même tête, avec le traitement d'un seul, d'après cet axiome reconnu, quand il y a à manger pour six, il y en a pour huit.

Les services du palais voyagent dans les voitures de déménagement, aujourd'hui très à la mode (car on leur fait porter les cadavres, aux temps de choléra ou de guerre civile), et dans les coucous, ce qui est très-populaire et au rabais.

On dit que le roi a une fortune fort considérable à lui personnelle, et que, la veille de monter sur le trône, il l'a donnée à ses fils.

J'ai su qu'Henri IV, à son avènement, avait en propriété particulière la vicomté de Béarn, le royaume de Navarre, les comtés d'Armagnac, de Foix, d'Albret, du Périgord, le duché de Vendôme, la vicomté de Limoges, et que le lendemain il les réunit à la couronne, ne laissant rien aux enfans qu'il aurait.

J'ai su que Louis XIII dota la France des comtés de Roussillon et d'Auvergne, de la principauté de Sedan, et de nombre de terres dans la Lorraine.

J'ai su que Louis XIV, roi qui aujourd'hui n'est pas bon à jeter aux chiens, car on n'insultait pas ses ambassadeurs impunément, réunit à la couronne la Flandre, l'Artois, le Nivernais, la Franche-Comté, la principauté d'Orange, le comté de Dunois, une grande partie de l'Alsace, et qu'il plaça ses descendans sur les trônes d'Espagne, de Naples et de Parme.

J'ai su que Louis XV donna pour sa part les duchés de Lorraine et de Bar, la principauté de Dombes et la vicomté de Turenne ; que ces deux derniers monarques augmentèrent le territoire français de plusieurs conquêtes dans les trois autres parties du monde.

J'ai su, enfin, que Charles X dota la France de la superbe et riche conquête d'Alger.

Certainement Louis-Philippe ne demande pas mieux que d'enrichir, à son tour, le royaume qu'il gouverne ; et s'il n'a pu renoncer aux neuf millions de trop que le trésor de l'Etat lui a remis en dix-huit mois, c'est qu'ils devaient lui être bien nécessaires.

La liste civile actuelle ne peut nouer les deux bouts : voilà pourquoi les pensions sont si rares, si peu nombreuses, et pourquoi il n'y a pas eu de salon d'exposition cette année. Le choléra a été un prétexte ; car on pouvait retarder le salon. La raison véritable, c'est que la cassette royale se trouvait dans l'impossibilité d'acheter un tableau ou une statue. Le roi, de l'État ou de ses biens particuliers, tire à peine vingt-huit à trente millions.

L'abbé Guillon, nommé sans résultat évêque de Beauvais, possède la confiance de la reine Marie-Amélie : cette princesse vient tout nouvellement de le raccommoder avec l'archevêque de Paris, pour qui elle professe une haute estime. A propos de ce prélat et de Sa Majesté, voici une anecdote certaine et peu connue ; elle fournira une pièce de plus au procès du juste-milieu :

Les 13 et 14 février 1831, l'Archevêché de Paris fut dévasté et pillé : ceci aurait pu passer pour un crime, si on l'eût voulu ; mais, loin de s'en formaliser, on laissa les voleurs tranquilles d'une part ; et de l'autre, on obéit à leur injonction, en renversant les croix et en renonçant aux fleurs de lis. Une telle conduite donna une juste audace aux pillards : un de ceux-ci, ayant trouvé deux lettres de la reine des Français à M. de Quélen, espéra en tirer un grand profit, et agit en conséquence.

La première de ces lettres répondait à des demandes de secours pour des malheureux, des pauvres honteux, etc.; et Marie-Amélie y témoignait sa satisfaction de pouvoir s'associer à de bonnes œuvres. La seconde, écrite après la nouvelle reçue de la mort du roi de Naples, frère de Sa Majesté, avait pour objet d'obtenir des prières particulières, et était remplie de sentimens de tendresse et de piété. L'une et l'autre, enfin, auraient ajouté, si elles avaient été publiées, au respect que l'on porte à Sa Majesté.

Celui dont un acte coupable en avait fait le propriétaire, fit savoir à la cour que si elles ne lui étaient pas achetées au prix de quinze mille francs, il les ferait imprimer dans les journaux du mouvement.

Une seule réponse convenait; celle de charger le procureur du roi de poursuivre devant les tribunaux l'auteur ou receleur ou détenteur d'un vol fait à l'Archevêché : cette marche légale et franche aurait satisfait à la justice, et puni l'effronterie du pillard. Mais il est impossible que le gouvernement fasse un acte de fermeté légitime. Dès qu'on eut connaissance de ceci, la frayeur saisit plus d'un haut personnage ; on redouta l'impression des lettres. On accusera la reine d'être catholique, de croire à l'efficacité des prières pour les morts, de conspirer contre le progrès des lumières, en ayant des rapports de bienfaisance avec son archevêque. En un mot, cela pourrait établir la preuve que la famille royale a de la religion ; qu'elle penche plutôt vers Rome que vers Genève ; et une telle preuve acquise affligerait trop les athées, les déistes, les juifs, les quakers, les calvinistes, les luthériens, les anglicans, les Turcs, etc., en un mot, tous ceux qui doivent l'emporter en France sur le culte suivi par vingt-huit millions de citoyens.

Il fallait donc, pour éviter ce grand malheur, composer avec le fripon effronté, et on lui dépêcha un honnête homme qui lui offrit cinq mille francs..... Le voleur de lettres s'indigna de la mesquinerie de la somme; il abaissa la sienne à douze mille francs. On monta jusqu'à huit, de la part du ministère; et la chose en était là, lorsqu'on me l'a racontée. On a dû, depuis, la terminer à la satisfaction réciproque; car les lettres sont demeurées inédites.

Je répète que le fait est vrai, et que la négociation a eu lieu l'année dernière. Au demeurant, on en retrouverait la trace dans des phrases menaçantes qui furent insérées, à cette époque, dans divers journaux; et entre autres dans *le Figaro*, qui encore ne recevait de l'argent que de ses abonnés.

L'archevêque de Paris, dont le caractère est si honorable, surtout depuis que les ennemis de la religion le poursuivent avec une rage sans pareille, est, lui aussi, une preuve bien éclatante de la faiblesse du ministère fort de

M. Périer. L'avenir ne voudra pas croire qu'à dater du jour où des brigands saccagèrent sa demeure, il erre d'asile en asile, et que dans Paris, dans le siége du gouvernement, avec une garnison de quarante mille hommes de ligne et de cent mille gardes nationales, on ne peut protéger assez l'archevêque pour qu'il ne soit pas insulté ou même assassiné. Je pense qu'un autre exemple serait inutile pour établir l'incroyable faiblesse du système actuel.

Sous le règne des Bourbons, une foule de familles pauvres étaient pensionnées par eux, et n'entraient aux Tuileries que pour en bénir les maîtres; maintenant, le peu de ressource que Louis-Philippe trouve dans sa liste civile et les autres branches de son revenu, ne lui a pas permis de donner un morceau de pain à tant d'infortunés; aucun n'a pu être continué dans le paiement de ses quartiers : le roi, plus à plaindre qu'eux quand il cède à une impérieuse nécessité, les a renvoyés tous devant les Chambres; et en attendant, la plupart meurent de faim, au pied de la lettre....

Un financier noble disait à quelqu'un qui accusait le retard mis par les Chambres à s'acquitter de ce devoir sacré : « Mon Dieu! plus on alonge la courroie, et plus on diminue le nombre des pensionnés. Il y en a qui meurent ; d'autres dont la position s'améliore, et auxquels on ne donnera rien ; d'autres qui prennent leur parti..... Et ceux-là font bien ; rien n'est tel comme d'avoir du courage. »

J'ai dit que l'exiguité des revenus du roi le contraignait à une sévère économie ; aussi n'y a t-il au château aucun gaspillage ; tout y est compté, distribué ou renfermé ; un verre d'eau sucrée serait difficile à obtenir, si celui qui a les clefs des sucriers n'était là à point nommé. La nourriture y est à l'entreprise, à tant par tête ; 15 francs, je crois, pour la table royale, et 10 francs pour les deux ou trois qui viennent après. C'est, au reste, très-suffisant. Il y a même abondance de viandes solides. Les vins pèchent un peu par la quantité, car les bouteilles à boire ont été calculées sur une moyenne très-rétrécie ; mais le coup d'enthousiasme ne manque jamais à la table où mangent les officiers de toute arme de service au château. Les bougies servent jusqu'à la fin, c'est plus commode. On a diminué tous les traitemens et les gages des gens de la maison ; c'était convenable, la liste civile ayant baissé d'ampleur.

Il n'y aura plus spectacle au château ; on va démolir la salle : c'est encore une branche de dépense retranchée. Ces soirées théâtrales coûtaient fort cher ; on peut s'amuser à meilleur marché. L'illumination, les machines, les costumes, les cadeaux, les rafraîchissemens cesseront de plein droit. On ira aux Français, à l'Opéra, où il n'y aura pas un sou à donner par la liste civile ; ce sera autant de gagné : et puis il est plus convenable que la famille royale s'amuse de moitié avec le peuple ; ce sont des retours vers la citoyennalité d'une politique fort avantageuse ; on se montre à plus de monde, et on sème moins d'argent. Et l'argent est si rare !... Et l'avenir, d'ailleurs.......

CHAPITRE XIV.

Quelques fautes signalées.

Promesses du cabinet des Tuileries. Des fautes qu'il a faites à l'intérieur, en finance, à l'extérieur, par fausses mesures, par mauvaise police. M. Carlier dans la Vendée. Souvenir forcé de M. Wuillaume.

> L'opulence et les dignités ont rendu petit celui qui a cru en être agrandi.
> (*Morale des Orientaux*, p. 33.)

Le cabinet des Tuileries n'est pas heureux ; depuis qu'il existe, il n'a fait montre ni d'habileté ni de force.

Sa tâche était pénible : il devait mieux faire que l'on ne faisait auparavant ; car il venait pour tout *améliorer, réparer, consolider, rajeunir, restaurer, affranchir, enrichir,* etc.,

etc.; ce devait être un gouvernement *de vérité, de franchise, de désintéressement et à bon marché surtout;* il devait rendre à la France le rang qu'elle avait perdu en Europe par l'effet de la restauration, et notamment aux époques de la guerre d'Espagne, en 1823, de l'expédition de Morée, et surtout de la honteuse conquête d'Alger, si déshonorante, que pour nous en relever quelque peu, il a fallu en remettre la direction au duc de Rovigo, en attendant qu'on la rende, la donne ou la vende; ce qui serait plus avantageux. Enfin le cabinet des Tuileries ramènerait à la fois *la gloire disparue, le commerce mort et la paix intérieure.*

Voyons comment il a procédé :

Il a commencé par s'intituler *la meilleure des républiques,* ce qui a paru assez singulier; puis il a prétendu qu'il était constitutionnel-monarchique, puis monarchique-constitutionnel; et maintenant les hommes probes à sa solde et qui écrivent dans ses journaux, commencent à avancer qu'il est monarchique tout pur, et ceci en attendant mieux ; car l'appétit vient en mangeant.

Le cabinet des Tuileries débuta par jeter à qui en voulut les places amovibles de la magistrature, et laissa à des femmes le soin de fournir la matière à celle de l'administration ; en un mot, au lieu de choisir les fonctionnaires, on les prit au hasard. La restauration, dans ses nouveaux choix, comme talent, ne prenait du moins que des réputations honorables.

Le cabinet des Tuileries débuta par troubler l'intérieur, en déclarant la guerre au culte catholique, ou tout au moins en le livrant aux outrages de la canaille.

Il demanda une liste civile énorme, et dès sa première parole, à propos d'argent, on vit qu'il ne serait pas à bon marché.

Il mit la discorde dans les rangs de l'armée, où l'indiscipline s'établit, puisque les divers régimens se permirent de chasser à leur fantaisie les officiers et sous-officiers.

Il mit à la charge de l'Etat une masse

énorme de militaires de tous grades, soit en renvoyant en disponibilité ceux qui déplaisaient aux soldats ou à lui, soit en appelant à l'activité ceux en réserve, en démission, en retraite et rentrés dans la vie privée; gens rouillés, incapables, et qui sont sans aucune considération dans les corps :

En rendant des commandemens supérieurs à des ganaches de l'empire et à des voltigeurs de la république;

En introduisant dans l'armée des hommes que l'armée voyait avec dégoût et mépris;

En tenant cette armée dans une inaction nuisible, puis en la faisant avancer et reculer selon la volonté de l'Angleterre;

En dictant au maréchal Gérard l'ordre du jour protecteur du monument de Waterloo, qu'un bataillon français a eu *l'honneur* de garder pendant la promenade en Belgique;

En entassant fautes sur fautes dans tout ce qui regarde Alger;

En n'y vouant que des chefs incapables;

En n'osant pas en prendre possession de propriétaire;

En envoyant le pavillon tricolore flotter *sous* les murs de Lisbonne;

En ne lui permettant pas de flotter sur les murs d'Ancône;

En excitant les Espagnols libéraux à marcher contre leur patrie, qui ne veut pas de révolution, et puis en les abandonnant et en les laissant égorger;

En consentant à la démolition des seules forteresses sur la ligne belge qui doivent nécessairement revenir un jour à la France;

En assistant avec joie à l'anéantissement de la Pologne;

En envoyant le prince de Talleyrand ambassadeur en Angleterre;

En faisant tout son possible pour sauver, en 1830, les accusés de crimes politiques, et en 1832, tout ce qu'il a pu pour les faire condamner à mort;

En renouvelant le système absurde de M. Decazes;

En s'intitulant *quasi-légitimité;*

En augmentant les impôts dans une proportion effrayante, et les emprunts, ainsi que le font ceux qui ne veulent pas payer leurs dettes;

En agitant le royaume de manière à ce que chaque commune a fait, fait ou fera son insurrection;

En laissant planter ici des arbres de liberté, et là, abattre des croix; ici, en abattant les arbres de la liberté, et là, en n'élevant aucune croix;

En obéissant aujourd'hui à l'émeute, et demain, en la fusillant;

En soutenant par le canon la Loi, dans la même ville où la Loi est impuissante, même après la mitraille, à protéger l'archevêque, qui ne peut avoir d'habitation connue;

En irritant le peuple contre les bourgeois, le commerce contre la noblesse;

En parlant toujours, sans jamais agir;

En signalant des conspirations sans pouvoir atteindre un chef, ce qui porte à croire que le fait n'existe pas.

En s'amusant à faire des émeutes et des conspirations; par exemple, celle des tours de Notre-Dame;

En achetant fort cher hors du royaume ce qu'on aurait à bon marché dans l'intérieur;

En préférant l'avantage de M. Gisquet à celui de la France, et un peu plus encore, celui de la maison Périer;

En gâtant chaque réputation qu'il touche;

En faisant montre de plus d'ingratitude que de désintéressement;

En présentant le roi sous une apparence d'avidité si contraire à sa libéralité prodigieuse;

En prenant toujours le vent et en ne le donnant jamais;

En ayant mis Paris en état de siége tandis qu'il était en pleine paix;

En distrayant les citoyens de leurs juges naturels, pour les traîner devant des juges d'exception, ce qui est formellement contraire à la Charte;

En ne se rappelant pas que Charles X est tombé pour avoir voulu sortir de la Charte;

En osant prétendre que les lois antérieures à la Charte peuvent suspendre des articles de la Charte, ce qui paraît être un crime de lèse-nation au premier chef;

En affichant une fiscalité odieuse;

En obligeant par voie de rigueur chaque citoyen à payer, dans les six mois, les droits de successions directes, et en accordant au duc d'Aumale deux ans pour acquiter ceux d'une succession collatérale;

En laissant paraître aux Tuileries et dans la société de l'auguste famille royale, la maîtresse du feu duc de Bourbon, ce qui ressemble furieusement aux mœurs de la régence;

En oubliant que le duc de Rovigo a joué un rôle actif dans l'assassinat du duc d'Enghien;

En laissant les puissances insulter la France de mille et mille façons, et en se tenant toujours satisfait à bien meilleur marché que Charles X ne s'y est tenu;

En se prononçant à l'avance contre la

ville de Grenoble, en menaçant celle de Lyon et en remerciant celle-ci d'avoir bien voulu se tenir tranquille;

En recourant au système des adresses, comme si *les adresses* avaient manqué à la Convention, au Directoire, à Napoléon, aux Bourbons, et comme si elles manqueront au gouvernement qui viendra après celui de Louis-Philippe et des siens; car à part Dieu, il n'y a rien d'éternel dans l'univers. J'espère que M. Persil même, appuyé sur les adresses des départemens et des communes, ne me contestera pas la vérité de cet axiome, et n'y trouvera rien d'inconstitutionnel;

En défendant à la garde nationale de délibérer quand elle blâme, et en l'appelant à délibérer quand elle approuve;

En ayant pour tout, deux poids et deux mesures;

En ne cessant de parler d'ordre public, tandis que le feu est aux quatre coins du royaume;

En ne sachant frapper sur les républicains

sans tomber malhonnêtement sur les royalistes;

En mettant à la souricière MM. de Châteaubriand, Hyde de Neuville et Fitz-James, et en les renvoyant sans leur dire pourquoi on les réunissait aux voleurs de mouchoirs, ni pourquoi on les traitait avec galanterie et rudesse tout ensemble, ce qui les autorise à crier sur les toits :

..... Qu'ils n'ont pas mérité
Ni *cet excès d'honneur* ni cet indignité;

En poursuivant la presse avec une mâle rage, telle que la presse à son tour en a été prise d'une mâle rage pareille;

En obtenant des sommes énormes pour solder une police politique qui ne sert à rien, car elle n'a su saisir aucun chef de conspiration depuis août 1830, ni les voleurs de la Bibliothèque du roi, ni le voleur du trésor, qu'elle a laissé échapper après avoir été lui faire la révérence; car elle n'a pu vous dire la vérité sur les fusils Gisquet; car elle n'a pu vous apprendre un seul mot de ce qui se passe en Europe. A-t-elle suivi MADAME, duchesse de Berri, ou la veuve Berri, si vous aimez mieux, ou la nommée Caroline, si *cela fait moins mal au cœur* au comte Bachasson de Montalivet; l'a-t-elle suivie, dis-je, d'Italie en France? sait-elle où elle a débarqué? la route qu'elle a prise des bords de la Méditerranée à la Vendée? les maisons qui ont eu l'insigne honneur de la recevoir? l'a-t-on dépistée, saisie? Non, non, la police n'a pu même s'emparer ni de Mme de Larochejaquelein, ni de Bourmont, ni de Charette, etc., etc.

Voici tout ce que la police a fait dans la Vendée :

M. Carlier s'est présenté muni d'une lettre écrite par une dame du plus haut rang, et adressée à la mère du duc de Bordeaux; on lui a dit : Arrêtez-vous ici et attendez la réponse. Il s'est arrêté, et a attendu pendant trois jours. Le troisième, au soir, est arrivé un jeune homme en costume vert et argent, au collet brodé de fleurs de lis; il a dit à M. Carlier :

« Citoyen, examinez bien la lettre que

voici, c'est celle apportée par vous; le cachet est intact, elle n'a pas été ouverte. Madame la renvoie à la personne qui vous l'a remise, et c'est toute la réponse qu'elle veut y faire. »

Sur ce, M. Carlier est parti.

La police a-t-elle su à l'avance la conspiration de la rue des Prouvaires? Non, quoiqu'elle prétende le contraire. A-t-elle su celle des 5 et 6 juin? Pas davantage. A quoi sert-elle?

A soutirer de l'argent aux contribuables, argent qu'on se distribue entre soi, et qui ne profite pas à l'Etat.

Le cabinet des Tuileries n'est pas plus heureux en diplomatie qu'en police; il a dit que la nationalité de la Pologne ne périrait pas.... La nationalité de la Pologne est morte.

Il est à rédiger un nouveau protocole, tandis que la Hollande garde Anvers et se moque de lui.

Enfin, et dans plusieurs autres milliers d'actes que je passe sous silence, le cabinet des Tuileries a commis des fautes.

Si quelqu'un sait ce qu'il a fait de bon et d'honorable pour la France, je lui saurai un grand gré de me le faire savoir; je ne manquerai pas, et en me modelant sur la recommandation de M. Villaume à ses cliens matrimoniaux, d'en faire part à mes parens, amis et connaissances.

CHAPITRE XV.

La veuve Berri.

Avertissement à M. Persil. Les deux mères. L'impératrice Marie-Louise. La veuve Berri. Un monsieur de l'époque. Un classique. La louange et le blâme. On m'attaque avec vivacité. Je me défends de mon mieux. Ces classiques sont encore d'une insolence!...

> Est-ce là cette foi si pure, si sacrée,
> Qu'à mon époux, qu'à moi votre bouche a jurée,
> La foi que vous devez à ses mânes trahis,
> A sa veuve éperdue, à son malheureux fils?
> (Voltaire, *Mérope*, acte 1ᵉʳ, scène III.)

Au début de ce chapitre, je me prosterne humblement en face de M. Persil, et lui dis : « Monsieur le procureur-général, je vous préviens que je ne veux avoir d'opinion sur la veuve Berri que la vôtre, et ceci pour cause à moi connue; que vos pensées à ce sujet seront les miennes; que je m'indignerai, m'apaiserai avec vous; que comme vous et comme cet excellent Camille, je regarde l'entreprise de ladite veuve Berri avec *horreur, dégoût, qu'elle me fait mal au cœur;* je la nomme coupable, criminelle, pis encore; et certes vous voyez ma franchise et le juste milieu parfait de ma constitutionnalité. Mais, monsieur, ni vous, ni Camille, ni moi ne faisons malheureusement l'universalité du royaume de France. Il y a, dans ce pays, des classiques enragés qui sont encore infatués de ces rêveries d'héroïsme et de chevalerie d'autrefois, qui pensent, et certes on reconnaît bien en cela les perfides adversaires du romantisme et de la doctrine; qui pensent, dis je, qu'il y a autre chose à considérer dans ce monde que l'argent, les décorations et les toques de procureurs-généraux; que par exemple, s'ils avaient à choisir entre Sa Majesté l'impératrice Marie-Louise, duchesse de Parme, archiduchesse d'Autriche, ou la veuve Berri, comme nous l'appelons, pencheraient vers cette dernière; ils disent, ces imbécilles, que je blâme, car vous les blâmez sans doute.

« Nous ne connaissons pas de termes assez durs pour exprimer le mépris que nous inspire celle qui, élevée à l'honneur d'être la femme d'un grand homme, a consenti sans intervalle à devenir la concubine d'un général autrichien; celle qui a laissé frapper son fils de bâtardise solennelle, et à tel point qu'il a fallu lui donner un nom et des armes, comme s'il n'avait pas de père; celle qui n'a reparu où avait régné son époux, que pour prendre des eaux minérales; celle enfin dont on ne se rappelle que pour la charger d'opprobre et de malédiction.

« Mais en retour, avec quel respect nous saluons la mère (dans l'erreur si vous le voulez) qui ne vit, qui ne respire que pour son enfant; la mère toujours en quête pour trouver à son fils des soutiens; la mère errante, proscrite, malheureuse, intrépide; celle qui fait qu'on s'écrie : *Il y a donc deux hommes dans la maison de Bourbon ?* La mère que la faim, la soif, la fatigue, les périls, la certitude des fers ou de la mort ne retiennent pas; la mère qui activait parmi nous l'industrie et les arts; la femme si enjouée dans un jour de fête, la femme forte dans un jour de combat; la mère qu'on peut frapper d'une balle meurtrière aux mêmes lieux où elle dansait sous les feuillées.

« Je connais beaucoup de ces esprits obtus; car voyez-vous, monsieur le procureur-général, il sont beaucoup plus nombreux qu'on ne croit; et hier j'en accostai un avec regret de ma part, mais je ne pus agir autrement. Figurez-vous que j'étais dans un passage, voyant venir à moi un de ces hommes tarés, vendus à la police, marchands de conscience et le désespoir de leur famille; un industriel moral formé à l'école moderne et tout nouvellement fait chevalier de la Légion-d'Honneur. Je sais qu'en haut lieu on parle à ceux de cette trempe; mais dans un passage, on est vu de tout le monde; et la peur me prit que ce monsieur ne m'abordât, car il connaît toute la France, pour l'avoir acquise ou dénoncée. Je fis volte-face, et me heurtai presque contre son antipode....; vous comprenez, monsieur le procureur-général? De la probité, de la religion sans cagoterie, de l'indulgence pour des passions qu'on éprouva jadis, de l'indifférence pour ce qui rapporte et de l'amour souvent pour ce qui coûte cher; enfin un ci-devant, à qui certainement vous confieriez votre bourse, parce qu'il ne fait pas valoir la sienne, et vous n'en feriez pas autant s'il s'agissait de ceux plus habiles à grouper des chiffres qu'à conserver l'estime de leurs concitoyens.

« Ce classique, cet honnête homme que je rencontre toujours avec plaisir, quoiqu'il pense mal, m'ayant aussi reconnu, me prit brusquement la main, et tandis que sa figure était rayonnante :

« Eh bien! s'écria-t-il, que vous semble de notre admirable duchesse? »

« Je cherchai de laquelle il voulait parler. Mme Decazes, de Rovigo, de Dino, d'Otrante;

mais lui, sans me donner le loisir de répondre poursuivit :

« Quelle grandeur d'âme ! quelle intrépidité ! quel mépris de la vie ! N'est-ce pas que vous adorez MADAME ? »

« Alors je compris de qui il était question, je répliquai :

« Je n'adore que ceux adorés par M. Persil. »

« Il se prit à rire. Je vis qu'il croyait que je m'amusais. Il continua son élan.

« Oh ! que sa conduite est sublime !

— « Coupable ! folle ! repartis-je ; elle fait peur à MM. du juste-milieu ; elle fait baisser la rente à l'instant où peut-être tous nos héros jouent à la hausse ; elle donne l'idée dangereuse d'un héroïsme de mauvais ton ; car aujourd'hui qui veut se battre ? personne ; et s'il faut absolument qu'on se batte, il est désagréable qu'une femme en fournisse l'exemple.

— « Et ceux qui traitaient MADAME d'étourdie et d'accommodeuse de chiffons, que diront-ils maintenant ? La voyez-vous débarquant sur les côtes de la Méditerranée, traverser toute la France et apparaître dans la Vendée, forte de l'amour de son fils, de la confiance en ses droits, appeler les peuples à les soutenir en sa présence et avec son concours ?

— « Monsieur, elle provoque la guerre civile, et c'est un crime.

— « Pour le vaincu toujours, et vous avez raison.

— « D'ailleurs, dis-je, est-ce convenable à une femme ?

— « Tout est permis à une mère : que la froide raison la blâme, c'est possible ; le sentiment l'approuvera.

— « Le sentiment, répondis-je, il n'est connu d'aucun administrateur de l'époque ; mais si vous me parliez de gain à faire, de fonds à placer...; et à suivre MADAME, il n'y a que de l'argent à perdre ; et perdre, au lieu d'acquérir, c'est furieusement inconstitutionnel. »

« Mon homme, tout à son idée, se mit à dire, sans faire attention à mon propos :

« Il y avait autrefois trois classes d'opinions au sujet de MADAME : ses amis, ses ennemis, les indifférens. *Ses amis* le sont plus que jamais, car maintenant ils la connaissent bien ; *ses ennemis*, dorénavant, ne peuvent être que ses adversaires ; *les indifférens !* il n'y en a plus ; les actes de MADAME les ont fait disparaître. Oui, monsieur, on ne peut aujourd'hui que l'aimer ou la combattre ; il faut que tout cœur palpite pour elle de haine ou d'amour. »

« J'étais, je vous l'assure, monsieur le procureur-général, très-embarrassé de ma personne en présence de ce fanatique. Je ne savais comment lui faire comprendre que vous ne penseriez jamais ainsi, et que nécessairement je penserais comme vous, que la veuve Berri est très-coupable ; que toute mère dont on ruine le fils doit le tenir pour ruiné justement, et le laisser grandir dans l'infortune ; que Mérope, que la reine Ogive (1), que Marguerite d'Anjou

(1) La reine de France mère de Louis IV, dit d'*Outre-Mer*.

étaient de misérables créatures, détestées de tout juste-milieu doctrinaire, et que rien n'est plus impie que de soutenir la cause de l'orphelin ; que l'on doit toujours laisser ceux de notre parti se battre pour nous sans paraître de notre personne que le surlendemain de la victoire; que prendre soi part à l'action est de mauvais exemple; que si la veuve Berri fût demeurée à Holy-Rood les bras croisés, elle aurait autorisé les sarcasmes, les insultes des journaux ministériels prodigués à sa lâcheté; tandis qu'en venant elle-même tenter un coup d'Etat, elle pouvait en imposer à cette multitude, dont l'imbécillité voit la grandeur dans les actions hardies, dans le courage, dans le dévouement, tandis que les gens sages de cour n'aperçoivent la gloire que là où l'on recueille le fruit semé par les autres, que dans le stoïcisme d'argent qui rend insensible aux injures; que dans une fidélité jurée pendant quinze ans, et démentie quand il y a eu profit; enfin, dans le positif du siècle, chose que vous, nous et les centres comprenons si bien, et que les classiques ne conçoivent pas.

« Vous deviez présumer que rempli de ce bon sens constitutionnel, je dus lancer une philippique contre mon *berritiste* forcené, que je lui jetai au nez ce que je viens de vous dire. Eh bien! le malicieux personnage, au lieu de se fâcher et de me quitter avec indignation, me prit à bras le corps, me regarda entre deux yeux, se mit à rire et s'enfuit, en me disant avec une conviction malhonnête :

« Vous ne pensez pas un mot de tout ce que vous venez de me débiter. »

CHAPITRE XVI.

Un cercle aux Tuileries.

Conversation intéressante avec un habitué. Je vais au cercle. Mon costume. Un portier du château. Mon miroitier. Un peu de tapage. Fronderies. La banqueroute vue sous un nouvel aspect. Des acteurs du cercle royal. Le quartier Saint-Martin. L'armée. Le maréchal Mouton. M. Delessert. Froidefond des Farges. Février. Propos d'une jeune fille. Ma présentation au roi, à la reine, à Mme Adélaïde. Les trois grâces de la rue des Lombards. Les trois inséparables. Le prince royal. Le sauveur. Anecdote à propos. Les ducs Decazes et de Bassano. Le comte Réal. Quelques lampions du juste-milieu. Le ministère. M. Gisquet. Voltaire cité. M. Kessnner. Les princesses. Le duc de Nemours. La danse. Une dame mise à la porte. Qu'il est inconvenant de nommer Athalie au château. Que le temps présent doit prendre son parti si on le siffle.

> L'on est petit à la cour, et, quelque vanité que l'on ait, on s'y trouve tel : mais le mal est commun, et les grands même y sont petits.
> (LABRUYÈRE.)
>
> Tout le monde peut faire sa cour : il ne faut pour cela que de la flexibilité dans l'épine dorsale; mais composer une cour n'est pas si facile. L'aide du temps est nécessaire; seul il fournit ce vernis qui rend la cour respectable en quelque sorte.
> (*Recueil de maximes.*)

Vous voulez que je rende un compte exact à votre amitié de ma soirée d'hier. La tâche est pénible; n'importe, j'obéirai. Hier je fus conduit aux Tuileries, pour la première fois, par le baron de Grandval; vous connaissez le personnage, vous savez qu'hôte inamovible des Tuileries, on dirait qu'il y a pris naissance, à tel point il y est familier. Celui-là mieux que tout autre peut se dire :

Nourri dans le sérail, j'en connais les détours.

Il n'est étage, appartement, escalier, corridor dont il ne sache la dimension, l'usage ou les habitans; il entre, sort, se glisse, se coule, le tout avec une aisance qui témoigne de la grande habitude; c'est un dictionnaire vivant de château royal; il en serait, au besoin, la chronique scandaleuse, s'il n'était monté au ton d'un dévouement sans borne perpétuel; tout en ce lieu lui paraît digne d'admiration et de louange; et c'est du même son de voix qu'il procède à l'apothéose du maître et à celle du dernier marmiton.

Il accueillit avec plaisir la demande que je lui fis d'être mon guide aux Tuileries.

« Vous avez été présenté, me dit-il ; donc votre admission n'éprouvera aucune difficulté.

— « Non, répondis-je, je n'ai pas été présenté encore ; c'est vous qui me rendrez ce service.

— « Vous étiez ici du temps de Louis XVIII et de Charles X ?

— « Oui.

— « Eh bien ! n'est-ce pas avoir eu déjà les honneurs de la cour ?

— « *Les honneurs de la cour !* Est-ce qu'il est encore question de ces choses-là ?

— « Comment ! mais c'est la même cour..., les mêmes hommes..., la même famille...., le même nom.

— « Point ! le père s'appelait *Egalité*, les armoiries actuelles sont un coq.....

— « Plaisanterie ! bagatelle ! rien n'a changé... A propos, comment vous habillerez-vous ?

— « Oh ! très-convenablement, et à votre choix, en habit noir, tout battant neuf, ou en costume complet de grenadier de la garde nationale. »

Le baron de Grandval fit un soubresaut, accompagné d'une grimace plaisante, puis il s'écria :

« Miséricorde ! voulez-vous qu'on vous prenne pour un avocat ou pour un boutiquier ! mettez-vous en ci-devant, cela sera plus convenable.

— « Qu'entendez-vous par-là ? lui demandai-je. Est-ce que les ci-devans sont admis au château ? est-ce que la loquacerie et la mercantillerie ne seraient plus à la hauteur du jour ? »

Le baron, baissant la voix :

« *Des avocats, libera nos domine.* Quant à messieurs de l'aune, nous voudrions les voir toujours aux revues, en ligne, ou dans la rue fusillant l'émeute ; mais ailleurs... ce sont nos croix, nos plaies d'Egypte.

— « Et un carliste, un ci-devant...

— « Et sommes-nous autre chose ! Tenez, mon ami, venez au château en bel habit brodé, en épée, avec le chapeau à plumes, le jabot, les manchettes de dentelles, on vous accueillera bien. »

A mon tour, je jetai les hauts cris. Un tel costume me paraissait d'une telle *inconstitutionnalisation*, que j'en avais peur à l'avance. Il mettrait après moi tous les amis de M. Gisquet, et je lui devrais, en outre, l'agrément de figurer dans la première conspiration à mettre en œuvre. Le baron insistait pour que je vinsse en grande tenue. Enfin, par accommodement, il fut arrêté que je prendrais le beau chapeau, les dentelles, la culotte courte, les boucles d'or aux jarretières et aux souliers, les bas de soie blancs et le frac bleu à collet droit et à boutons d'or.

Le soir solennel venu, le baron me prend dans sa voiture, et nous roulons sur le pavé de Paris.

« Où vont donc tous ces fiacres et ces cabriolets de place? demandai-je en descendant la rue de Rivoli. Quelque gros bourgeois fait-il sa noce chez Bombarda?

— « Je ne sais..., j'ignore... »

C'étaient les habitués des Tuileries modernes, qui se rendaient au cercle tout comme nous. A l'instant où notre phaëton tourna sous la voûte :

« Voilà, me dit le baron, un portier le plus fidèle des fidèles; il y a trente ans qu'il est dans cette loge. »

Le baron le salua; et le portier de riposter, avec une physionomie d'amitié qui me charma. La cour resplendissait de pots-à-feu; elle éclairait une belle solitude, car le nombre des voitures de maîtres était peu considérable; cela produisait un si mauvais effet, que, par une ruse de guerre très-permise, le baron Athalin a depuis commandé un grand carré destiné pour des carrosses armoiriés (on en trouve à louer), dont on laisse emplir le milieu par les premiers fiacres qui arrivent, ce qui, de loin, et dans la nuit, donne beaucoup de solennité au coup-d'œil.

Mon miroitier, qui était de faction au bas du grand escalier, me présenta les armes, d'abord, pour me montrer qu'il était là de sa personne, ensuite pour me recommander de faire danser sa femme et sa fille, qui étaient venues au bal, en vertu des invitations courantes. Quant à lui, pour ne pas rester seul, il avait amené son gros chien caniche et sa servante Javote, l'un pour porter le fallot devant lui, l'autre pour lui donner du vin chaud, accommodé à l'esprit de vin, quand il serait relevé de sa corvée. M. Minichet m'assura que la soirée était fort *cossue,* car il avait vu monter toutes les dames de son quartier. La grosse épicière, la svelte marchande de vin, la pimpante frangière, une riche drapière de la rue des Bourdonnais, et la belle clincalière nouvellement mariée de la cour Batave.

Le baron de Grandval souffrait au possible; il marmottait le mot *canaille,* enveloppé toutefois dans le plus gracieux sourire...... Bref, il ne put y tenir; et sous prétexte qu'il mourait de froid (la chaleur étouffait), il m'emmena vers les appartemens. Je dois l'avouer, le luxe de l'illumination m'éblouit; c'était beaucoup mieux que du temps des Bourbons; aussi, ne pus-je m'empêcher de dire à mon conducteur que le progrès des lumières ne pouvait être nié.

Une autre chose me frappa : le bruit, le tumulte, les éclats de rire, les habitudes des courtisans-citoyens. Qu'on les laisse faire, ils ne tarderont pas à dépasser ceux de l'ancien régime en manières respectueuses, en retenue obséquieuse ; ils sont en bonne route pour bien réussir. Les visages, qui jadis étaient rians et gracieux, se montrèrent à moi, en cette circonstance, refrognés et de mauvaise humeur. Je présume que l'on prenait cela pour de la dignité : on parlait haut, mais lentement ; c'étaient les femmes et les commis sans prétentions, dont la gaieté se faisait entendre.

Jamais luxe ne fut pareil à celui-là. « Que vous en semble? me demanda le baron.

— « Que ces robes et ces toques, et ces coiffures délicieuses sont sur les mannequins, en attendant qu'on vienne les acheter. La grâce est toute dans les chiffons.

— « Voilà comme vous êtes frondeur perpétuel. La noblesse nouvelle débute ; elle se formera. Que nous avons pris de peine à former celle de l'empire ! celle-ci est riche.

—« Eh! la *Bancarotta!*

—« L'arrangement des affaires... C'est un moyen très-commode de rétablir une fortune dont la vieille noblesse était privée ; il évitera désormais le désagrément des mésalliances. »

Et Grandval ne riait pas en s'exprimant ainsi. Nous arrivâmes avec peine, il y avait foule... On est bien aise dans le quartier Saint-Martin de dire que l'on a dansé à la cour. Les belles et grosses madames ne manquaient pas non plus que les messieurs du comptoir et de l'étude. Le Prado et Idalie étaient déserts ce soir-là. Les habituées, réduites à s'amuser entre elles, se demandaient où étaient Charles, Eugène, Albert, Jules, Auguste, Edouard, Alfred, Artur, Adrien, Camille (un autre que le ministre), Henri, Léon, Louis, Anatole. « Où ils sont, mes chères, » répondit une demoiselle qui sortait de chez une notaresse...... Au grand bal, rien qu'aux Tuileries. »

Revenons au château, où je me trouvais aussi. Il a quelque peu changé d'aspect ; la nouvelle famille royale en a banni les fleurs de lis, et rappelé quelques aigles : c'était peu adroit. Au demeurant, on avait réparé les traces du passage du souverain; au 29 juillet 1830; il ne restait des marques de sa puissance que sur les murailles extérieures. On m'avait prévenu que je trouverais là des figures de connaissance; je n'y aperçus que peu d'hommes d'autrefois; mais pas un général, un colonel n'y manquait : tous ceux que j'avais vus dans les salons du maréchal de Bourmont, ou à l'audience du duc d'Angoulême, étaient aux Tuileries devant Louis-Philippe, ainsi qu'ils s'y étaient trouvés en présence de Napoléon.

Les militaires de haut grade sont essentiellement parasites des palais; l'habitude de l'obéissance leur rend insupportable la privation de la présence du maître; il leur semble n'être grands que lorsqu'ils sont à genoux. Je les aurais reconnus, à part le costume, à leur immobilité devant la famille royale, et à leur empressement à courir après elle lorsqu'elle leur tournait le dos.

J'entendis un grand bruit..., le maréchal Mouton parut avec son état-major splendide. Mon Dieu, que le seigneur a l'air d'un parvenu! C'est toutefois un porte-voix de première classe; Napoléon l'avait choisi à ce titre, et il s'y connaissait. Une charge aqueuse lui a valu son bâton, à ce que les méchans disent. Ce qu'il y a de sûr, c'est que cette chute d'eau a fait une tache telle que lady Macbeth dit du sang de Duncan :

L'Océan tout entier ne l'effacerait pas.

Le maréchal a la mine triste; on dirait qu'il souffre : je présume que ce ne peut être d'avoir à jouer au militaire avec des gens qui ne le sont pas. Je vis auprès de lui M. Delessert, ce général-marchand qui fait des bulletins de rues un peu plus longs que tous ceux d'une campagne de la grande armée; et M. Froidefond des Charges, qui a ouvert la carrière littéraire dans laquelle M. Delessert vient de se signaler; et M. Février, le notaire si belliqueux quand il passe un acte sous seing-privé, à tel point il est encore chaud de la guerre de pots-de-chambre.

Dès que le comte Mouton eut paru, tous les béliers présens de la garde nationale firent autour de lui une multitude de cercles concentriques, et se mirent en mesure d'obtenir un regard de lui. Les belles madames le montraient à leurs jeunes hommes, et les mademoiselles s'étonnaient qu'il ne fût pas plus beau. Une l'ayant dit assez haut, un sergent-major voisin, et certain d'être entendu d'un officier d'état-major, s'écria :

« L'empereur le trouvait superbe !

—« Eh! mon oncle, repartit la jeune fille, parce que M. Percier-Fontaine prétend que l'empereur approuvait ses trois plate-bandes en manière de jardinet pour gâter les Tuileries, est-ce une raison pour que je sois contente et du dessin du parterre et des traits du maréchal ? »

Il me parut que cette jeune personne raisonnait puissamment. Le baron de Grandval, qui avait hâte de me présenter, parce qu'il est de ceux ardens à faire des conquêtes, me prit par le bras, oubliant un peu trop la majesté du lieu, et m'entraîna plus qu'il ne me conduisit vers la famille royale.

Le roi me parut fatigué, presque morne, quoique souriant toujours. Il me reçut avec son affabilité ordinaire, et néanmoins ne me tendit pas la main : je présume qu'il commence à en perdre l'usage, il fait bien. Il me parla d'un de mes oncles, qu'il confondit avec mon père, mais prit sa revanche en me disant un bien infini de ma femme...; c'est mon frère qui est marié. Cela fait, il alla vers un président de conseil de département, et me laissa charmé d'une réception aussi agréable. Quant au baron, auquel il avait souri, il en perdait la tête.

« Quel homme ! quel homme ! s'écriait-il ; croyez qu'il nous rendra Buonaparte : il a sa fermeté, la grâce de Charles X et la mémoire de Louis XVIII. Comme il vous a parlé de tout ce qui vous intéressait !

— « Oui, en s'imaginant que j'étais mon

père, et en me supposant le mari de ma belle-sœur.

— « Qu'importe ! qu'importe ! au fond, il n'est pas sorti de la famille... Allons à la reine. »

Nous y fûmes. Ici, même accueil, même obligeance : Sa Majesté s'intéresse aux malheureux ; et quoique souvent elle oublie ses protégés, elle n'en est pas moins vénérable. Le baron eut soin de me nommer, en y joignant mon titre : Sa Majesté reconnut alors que je n'étais pas venu aux Tuileries, pour la première fois, avec la garde nationale à la suite du souverain ; et je ne sais pourquoi je m'imaginai que sa réception en devenait un peu plus bienveillante.

Nous passâmes à Mme Adélaïde, à laquelle je ne pus être présenté tout d'abord, parce qu'elle causait avec le baron Athalin. Je crus entendre une conversation sur un point de ménage ; cela ne me surprit point. Ce premier aide-de-camp du roi a la surintendance de tout ce qui a lieu dans le château. Dès qu'il se fut éloigné, notre tour vint. J'oublie qui me nomma, car ici le baron ne put prendre ce soin; il y avait dans le tourbillon de la princesse quelque chose de plus solennel, et qui sentait mieux la vieille cour. Elle me dit une parole, un éclair....; j'en fus heureux. Mais ce qui me causa une peine infinie, et ce qui mit le baron hors de lui, ce fut l'apparition de trois grâces de la rue des Lombards, accompagnées de trois épauletiers de la rue Quincampoix, qui vinrent complimenter Mme Adélaïde sur l'éclat de la soirée.

« En vérité, princesse, dit l'une, ceci est beaucoup mieux que la soirée dansante de notre gros-major; vos glaces sont aussi bonnes et plus fortes.

— « Et les bougies, dit la seconde, sont de quatre à la livre.

— « Je te dis de cinq, Glaé, ajouta la troisième; n'est-il pas vrai, mademoiselle la princesse? »

Nous étions au supplice... L'ambassadeur d'Autriche survint, par bonheur; et néanmoins je vis le moment où ces trois madames allaient le prendre pour arbitre et le faire décider si les bougies étaient de quatre ou de cinq à la livre. Quant à moi, je me retirai à l'écart avec une de ces mines qui ne valent rien, selon la marquise de Sévigné, et j'allai me heurter contre feu M. Villemain, qui se pavanait en la compagnie de l'ex-philosophe Cousin. M. Thiers, défunt historien, et passé à l'état de financier, accourut, et parla bas aux deux autres morts.

« Les voyez-vous? me dit le baron; je gage qu'ils rêvent au sort du peuple et à notre félicité. »

Je m'avisai de laisser tomber un écu sur le parquet... Ces trois messieurs tressaillirent, et regardèrent autour d'eux.... La puissante chose, par le temps qui court, que le son de l'or pour des doctrinaires!

Le baron s'apercevant de ma malice : « Nous perdons ici le temps, dit-il; nous n'avons pas encore présenté l'hommage de nos respects au prince royal. »

Nous nous mîmes à le chercher. Il dansait avec une jolie Anglaise; et je compris, en approchant, qu'il daignait lui expliquer les droits de l'homme. Il n'avait pas encore accompli sa mission sublime de Lyon, où il a eu tant à faire, et où il a tant fait. Je l'examinai avec soin; j'admirai ses yeux si calmes, sa bouche si tranquille, ses gestes si mesurés.

« Il est plein de feu, me dit le baron; ce sera un aigle.

—« Je ne demande pas mieux.... ». Nous allons à lui. Voilà que M. Dupin, en évitant la ligne droite, arriva pourtant avant nous, et entama avec lui un colloque tellement long... on aurait dit une consultation payée à l'heure. Je prenais patience en regardant une jeune nymphe si chargée de fleurs, de rubans, de dorures, que j'en étais bien aise pour le magasin qu'elle avait dépouillé, lorsque la jolie créature se tournant vers sa voisine :

« Vois-tu celui-là ? dit-elle en montrant l'orateur.

—« Oui; Amélie, quel est-il?

— « Le sauveur, ma chère; lui qui, lorsqu'on se battait, pendant les trois journées, prenait un bain chez Vigier.

— « Je le sais mieux que personne, répondit l'interpellée. Ma sœur, qui est demoiselle de service dans cet établissement, est celle qui lui tint le propos dont on a fait une caricature : *Tous les hommes sont à la bataille, il n'y a ici que des femmes et vous.* »

J'écoutai avec une joie indicible cette conversation, qui me fournissait une haute preuve de l'amour de l'égalité du roi-citoyen, et j'attendais avec beaucoup moins d'impatience que le baron la fin de la contre-danse, où figurait le prince royal. Elle s'acheva enfin, et nous pûmes approcher du duc d'Orléans. Il me reçut tout aussi bien que l'avait fait son père, sauf qu'il me toucha un mot de la Constitution, et de l'attachement qu'il lui portait. J'en eus de l'édification, d'autant plus que j'aperçus non loin de là un groupe formé par le duc de Decazes, le duc de Bassano et le comte de Réal, chacun d'eux représentant une époque et un règne passés; ce qui prêta matière à mes réflexions. La présence du premier me fit *mal au cœur;* je lui aurais voulu plus de reconnaissance envers les Bourbons. Quant au duc de Bassano, le pauvre homme ne m'étonna pas en le voyant là : il est de ceux destinés à suivre tous les systèmes... Ah! si la restauration avait voulu de lui, comme il se serait empressé de vouloir d'elle! Que le citoyen Réal fût aux Tuileries, c'était tout simple; il y était venu au temps de la république, en la compagnie d'Egalité.

D'un autre côté, j'examinai un groupe formé par le pâle et jeune Mahul, lampe éteinte dès qu'elle fut allumée, parce qu'on lui versa de la glace au lieu d'huile; par M. Madier de Monjau, qui, chaque fois que je le rencontre, attire sur mes lèvres, par un rapport machinal entre sa personne et ma mémoire, ces vers de Lafontaine :

Le héron au long bec, emmanché d'un long cou,
Monté sur ses longs pieds, allait je ne sais où;

par M. Girod de l'Ain, énorgueilli justement

de la voix unique qui le porta à la présidence de la Chambre des députés, bien que certainement ce fût la sienne; par le comte Jaubert, qui postule au ministère de concurrence avec M. Charles de Rémusat, et qui ont tous les deux de grandes chances pour l'obtenir, car ils sont au-dessous de Gustave dans l'échelle des intelligences humaines.

Mais je m'écartai de ces messieurs, pour me rapprocher du conseil des ministres, établi ou campé dans un angle de la galerie de Diane, et grossi de quelques aides-de-camp du roi. Je prenais plaisir à examiner ces visages si divers, lorsque je vis le sourire se placer sur les lèvres du maréchal Soult et de Casimir Périer, alors vivant. C'était pour mieux accueillir M. Gisquet; tous les trois s'écartèrent, et par deux fois arrivèrent à mon oreille les mots *fournitures* et *pots-de-vin*; je compris que ce trio s'indignait de l'audace criminelle des journalistes qui avaient osé douter de leur probité.

Toutefois l'accueil distingué fait au préfet

de police pâlit auprès de celui que les deux ministres, le reste du conseil, ses adjoints et même de plus hauts personnages firent à un second survenant; il me fut impossible, à la vue de tant d'élans de joie et de satisfaction, de ne pas répéter *in petto* ces vers d'un poëme célèbre :

> Lorsqu'à la porte il s'élève un grand cri.
> « Eh bon jour donc! vous voilà!. vous voici!
> C'est lui! messieurs, c'est le grand émissaire!.
> C'est Grisbourdon, notre féal ami!.
> Entrez! entrez! et chauffez-vous ici. »
> Et bras-dessus et bras-dessous, beau-père,
> Beau Grisbourdon, docteur de Lucifer,
> Fils de Satan, apôtre de l'enfer,
> On vous l'embrasse, on le baise, on le serre,
> On vous le porte en moins d'un tour de main,
> Toujours baisé, vers le lieu du festin.

Or, savez-vous qui était aussi bien traité aux Tuileries? devinez-le en cent, en mille..... Qui?... le caissier Kessnner, l'honnête homme par excellence, l'*omnis homo*. Cela me surprit bien que ses voleries n'eussent pas encore éclaté; mais je m'ébahissais seulement qu'un simple caissier reçût tant de témoignages d'estime et d'affection. Son ministre lui frappa sur l'épaule, quelqu'un, lui serra la main; et lui, tenait dans la sienne un petit agenda, dont le contenu me parut intéresser une partie de l'assistance.

« Que leur montre-t-il? demandai-je au baron de Grandval.

— « Que sais-je? me répondit-il, peut-être le mouvement de la rente. Au demeurant, vous voyez en lui la vertu personnifiée; il n'est dans la maison personne qui ne l'ait en amitié, et qui ne lui accorde des audiences quand il en demande. Son obligeance est extrême; il travaille pour tout le monde; c'est un homme bien précieux.

— « Un caissier du trésor qui joue à la Bourse?

— « C'est une calomnie, car M. Louis n'en sait rien.

— « Je peux le lui apprendre.

— « Et pourquoi le tourmenter sur ce point? Ne vous unissez pas aux ennemis du vertueux Kessnner; les dénonciations contre lui ne réussiraient pas ici ; on y est trop bien persuadé de son intègre innocence. »

J'allais riposter, lorsque les trois princesses passèrent auprès de nous. Elles se retiraient. Je pris plaisir à contempler leurs traits animés, leur figure charmante et naïve, la grâce de leur maintien et l'élégance de leur tournure. Je leur souhaitai le bonjour qu'elles méritent, et des époux dignes de tant de qualités.

Le duc de Nemours causait avec elles en les accompagnant. Il porte un nom malheureux : Dieu veuille détourner de lui le présage ! Il ressemble à un Anglais, mais il possède amplement la vivacité française. Le baron de Grandval me peignit son caractère comme entièrement opposé à celui du duc d'Orléans. Je le suivis de l'œil avec intérêt, lui trouvant dans ce cas des rapports avec son oncle le feu comte de Beaujolais.

Cependant la foule croissait dans les galeries et dans les vastes salons des Tuileries ; on y débarquait de tous les quartiers de Paris.

Je vis parmi ce monde quelques noms d'autrefois, en petit nombre, il est vrai. Ce sera le noyau, car je ne doute pas que toutes les familles nobles qui s'associèrent à la cour de Napoléon ne reviennent prendre place à celle de Louis-Philippe. La jeunesse dansante ne négligeait pas les buffets servis avec une somptuosité peu commune; on buvait, on mangeait beaucoup, on continuait à rire; c'était gai, très-gai, infiniment plus que du temps de Charles X : il faut avouer que la société n'était pas la même.

Tout à coup il y eut une sorte de confusion. Une jolie femme, portant un nom étranger, avait commis l'inconvenance un peu trop forte de critiquer ce qu'elle aurait dû respecter, et on la priait d'aller continuer ailleurs ses causeries hostiles. Cela produisit peu d'effet, car la plupart des gens du cercle étaient accoutumés à voir bien autre chose à la Grande-Chaumière, au bal de Sceaux, à Belleville, et même à Tivoli. Une retraite forcée, qu'un combat à coup de poings ne précédait pas, ne les étonnait guère, et moi, j'avais de la peine à en revenir. Le baron gémissait, et me regardait à la dérobée.

« Je sors, lui dis-je.

— « Attendez, me dit-il ; si vous partiez aussitôt on pourrait croire que, comme la comtesse.....

— « Qu'on croie ce qu'on voudra, je suis tel qu'Athalie,

J'ai voulu voir, j'ai vu.

— « Mon Dieu ! pourquoi prononcer ce nom aux Tuileries ?

— « Est-ce qu'il est compris dans la proposition Bricqueville ?

— « Vous êtes un malicieux personnage qui feignez d'ignorer ce que les mécontens propagent.

— « Ah ! Mme Athalie..... Je n'y songeais pas. »

Le baron me parut consterné, j'eus pitié de son chagrin, et je l'entraînai, en lui disant :

« Mon ami, que n'a-t-on pas inventé contre la maison de Bourbon? quels mensonges s'est-on défendu à l'égard de princesses qui la composent? Il n'y a plus de priviléges; les maisons régnantes aujourd'hui ne peuvent prétendre à des respects que la citoyenneté a refusés aux anciens monarques. »

CHAPITRE XVII.

Nécessités.

Ce que le cabinet des Tuileries a usé. Qu'il n'est pas aimé. Qui il aime en secret. Je prouve mon assertion. Que la royauté ne peut être républicaine, mais seulement monarchique; que dès lors elle doit fuir les républicains et aimer les royalistes; que la noblesse est inhérente à la monarchie; que le peuple ne croit à la royauté qu'appuyée sur la noblesse.

..... L'art et le pouvoir d'affermir des couronnes
Sont des dons que le Ciel fait à peu de personnes.
(CORNEILLE, *Cinna*, acte 1er, scène II.)

LE cabinet des Tuileries a usé vingt-neuf ministres depuis le 29 juillet 1830 jusqu'à aujourd'hui 29 juillet 1832 : c'est un peu plus d'un ministre par mois, ce qui prouve que la matière à portefeuilles n'est pas rare. Il a mis à l'essai sept préfets de police, ce qui donne aussi la moyenne d'un par trimestre. On ne saurait dénombrer la foule de réputations qu'il a, en outre, réduites à rien; les généraux, les maréchaux, les administrateurs dont il a constaté l'incapacité. Il a gâté aussi tout ce qui touche aux finances, et n'a pas non plus respecté les arts. On ne saurait mieux le comparer qu'au rémore, qui, malgré sa petitesse, a une force tellement absorbante, qu'il arrête la marche rapide du plus grand vaissseau. Il a, en outre, comprimé les mouvemens des peuples de l'Europe : tout ce qu'il atteint tombe inanimé, et ceci à tel point, qu'on se demande où est la vie même du conseil des ministres, tant on a de la peine à reconnaître son intervention.

Elle n'agit nulle part, à Paris, c'est la garde nationale qui fait la force du ministère; dans le Midi, ce sont les républicains qui se sauvent des carlistes; dans la Vendée, les populations désunies font toute la besogne; le cabinet des Tuileries ne se montre que quand il s'agit d'augmenter les impôts ou de lever un emprunt, c'est un fait incontestable; au-dehors, c'est l'Angleterre qui agit pour lui ; au-dedans, ce sont les boutiques, et lui est immobile, ne faisant que des fautes, et néanmoins, cheminant toujours; les royalistes n'en veulent pas, les républicains ne font faute de le haïr, les impérialistes le trompent; son bras n'a de vigueur que pour arrêter : il en manque pour poursuivre; il a des velléités de pouvoir absolu, et des frayeurs du souverain (le peuple) qui le retiennent dans le développement de sa pensée mignone; il caresse les rois de l'Europe, les cajole même, et n'ose pas avouer ce qu'il règle avec eux ; ses actes sont en faveur d'un principe opposé à celui de sa naissance, et par son propre poids, il descend au niveau des légitimités.

Rien n'égale l'horreur que les républicains lui inspirent, si ce n'est l'amour caché qu'il porte aux royalistes. Oh ! qu'il voudrait se rattacher ceux-là ! il y travaille sans relâche, car, au fond, c'est son parti; et moins une tête... On peut ici parodier le propos fameux de M. Decazes, et dire avec les variantes nécessaires, que le cabinet des Tuileries traiterait avec les royalistes purs le plus tôt possible, et avec ceux de la république, jamais.

Je sais que ceci paraîtra un paradoxe aux courtes vues, qu'on m'opposera les scènes de la Vendée et les destitutions ailleurs. Qu'est-ce que cela prouve? Et depuis quand, s'il vous plaît, un amant brouillé avec sa maîtresse ne la maltraite-t-il pas? il le fait même avec une sorte de rage, et puis le raccommodement en a plus de douceur. Qu'on réfléchisse bien...... Une seule tête, oui, une seule.....; tandis que du cabinet des Tuileries à la république il y a des abîmes incommensurables, des ornières qu'on ne franchira jamais. Voyez que tout chapeau rouge arrêté sous prévention, a de droit un cachot pour demeure, et qu'on n'y a pas mis MM. de Fitz-James, de Chateaubriand et Hyde de Neuville. Que n'a-t-on pas fait pour sauver les derniers ministres de Charles X! et on a renvoyé devant des conseils de guerre les révoltés de 1832. On ne niera pas les agaceries faites par les *Débats* à l'ancien côté droit. En a-t-on jamais adressé à *la Société des amis du peuple ?*

Je pourrais continuer ce rapprochement..., j'aime mieux laisser à le compléter au lecteur sagace ; il s'apercevra bientôt que je ne raisonne pas à faux. Au reste, en traitant ce point, je ne veux pas en faire un acte d'accusation contre le cabinet des Tuileries. Il fait bien en agissant ainsi. Le principe monarchique est un ; et dès le moment qu'il y a un roi, force est au gouvernement de marcher dans la voie de la monarchie. Une royauté avec des institutions républicaines est une chimère : ces deux points sont trop opposés pour qu'on puisse les raccorder. Il faut de toute nécessité que les institutions républicaines conduisent à une pleine république, ou que la royauté se complète des divers élémens qui forment son essence ; tout amalgame, toute soudure entre ces corps hétérogènes est impossible.

Le cabinet des Tuileries ne peut donc s'empêcher de tendre vers ceux qui sont royalistes, parce qu'enfin ce sont des hommes avec lesquels il peut s'accorder. Comment, au contraire, s'entendrait-il avec les admirateurs de Marat ? quelle sympathie, quel aimant y a-t-il entre un bonnet rouge et une couronne, une présidence annuelle, triennale, décennale, si on veut, et une succession héréditaire ? Une royauté peut-elle aussi exister sans noblesse, sans titres, sans grandes familles ? non ; et on ne doit rien trouver de tout cela dans les institutions républicaines. Le chef ou les chefs temporaires ne sont que les premiers parmi leurs égaux, et pas autre chose. La richesse marque seule les inégalités momentanées, mais la richesse n'a rien de stable ; elle change et varie à chaque instant, et ses nouveaux possesseurs paraîtraient et disparaîtraient trop rapidement pour avoir quelque éclat par eux-mêmes, et pour en faire rejaillir en conséquence une partie sur la royauté.

Il ne faut pas qu'un monarque soit seul en face de toute une nation. La majesté ne gagne pas à paraître trop isolée ; elle a besoin d'une classe intermédiaire de magnats, que le peuple regarde comme faisant la compagnie privée de la royauté. Il faut que celle-ci connaisse bien ceux qu'elle élève, quelle puisse prendre confiance en eux, sans cela, elle aura peur de sa solitude, et redoutera tous ceux qui surgiront tout à coup. Il faut donc absolument que là où il y a roi il y ait noblese avec hérédité, titres et honneurs. C'est si positif, que le ministère, par l'organe du *Journal des Débats*, déclarait solennellement le besoin qu'il a de l'agglomération avec soi des anciennes et hautes notabilités, qui ne peuvent être que celles de l'ancienne noblesse, puisqu'il possède déjà toutes celles de la Banque et de la bourgeoisie.

Or, cet appel est un cri de nécessité, de détresse réelle. Une des conditions de *sine quâ non* pour l'existence d'une monarchie héréditaire, c'est le concours des nobles; où ils manqueront, on aura beau faire, elle ne sera jamais complète; et s'il vous plaît, remarquez que le *Journal des Débats* a tenu ce langage significatif après le retour du voyage que le duc d'Orléans a fait dans l'Est, le Midi et le centre de la France, quand ce jeune prince est revenu de tant de départemens parcourus sans avoir été salué par un homme d'une ancienne famille. Les nouveaux nobles marchands et avocats ont beau faire, les provinces s'obstinent à ne pas les croire appelés à remplacer la vieille gentilhommerie. L'absence de celle-ci à l'entour du prince a fait beaucoup de mal à la royauté naissante. Napoléon ne parut empereur aux yeux des populations des départemens, que lorsque les grandes maisons entrèrent dans la sienne; et cette fusion est d'une nécessité absolue pour toute dynastie qui commence. Je vois d'ici l'impression fâcheuse qu'a occasionné dans les grandes villes ce propos partout répété :

Les nobles ne sont pas venu le voir.

CHAPITRE XVIII.

Les époques du château des Tuileries.

Première époque. La superstition de Catherine de Médicis. Gaston d'Orléans. Propos mal séant qu'on lui adresse. Mlle de Montpensier. Un autre duc d'Orléans. Ses ridicules et ses vices. Le chapelet en bon lieu. Le régent. La France lui doit ses malheurs. Il achète la paix à tout prix. Pierre-le-Grand. Deuxième époque. Marie-Antoinette. Louis XVI aux Tuileries. Le duc Egalité. Le ruban tricolore. Les 20 juin et 10 août 1792. Troisième époque. Les comités révolutionnaires. On y décide le meurtre du roi. Les jardins embellis. Le Directoire. Quatrième époque. Napoléon aux Tuileries. Divorce. Deuxième mariage. Naissance du roi de Rome. Cinquième époque. Le comte d'Artois. Louis XVIII aux Tuileries. Retour de Napoléon. Mariage du duc de Berri. Le baril de poudre. Mort du duc de Berri. Naissance du duc de Bordeaux. Mort de Louis XVIII. Fuite de Charles X. Le cachet du peuple aux Tuileries. Sixième époque.

> Ce superbe palais a reçu tour à tour
> Et les grands de la veille et les heureux du jour.
> Aux crimes, aux vertus, son enceinte est ouverte;
> Vingt rois ont disparu sans la laisser déserte;
> Toujours la même foule a du vieux monument
> Fatigué les échos par le même serment.
> (*Surdanapale*, tragédie inédite, acte 1er, scène 1re.)

Je diviserai les époques du château des Tuileries en cinq.

La première et la plus longue comprendrait depuis la fondation par Catherine de Médicis, en 1564, jusqu'au départ de Louis XV pour Versailles.

La seconde irait de ce moment au 10 août 1793.

La troisième du 10 août au consulat.

La quatrième, le règne de Napoléon comme consul et comme empereur.

La cinquième allant de la restauration au 29 juillet 1830.

La sixième court actuellement.

Un château construit sur un terrain d'anciennes *escorcheries*, puis appartenant à un financier, et en définitive à Catherine de Médicis, a des antécédens de mauvais augure. Qui sait si la pensée de la Saint-Barthélemy n'est pas venue à la mère de Charles IX pendant ses ébattemens aux Tuileries, et si plus d'un duc d'Orléans n'y a pas rêvé la possibilité de s'emparer de la couronne de France? Tout cela pourrait bien être. Catherine l'habita peu de temps; un astrologue lui avait dit qu'elle mourrait à Saint-Germain, et elle abandonna les Tuileries, parce qu'elles se trouvaient sur la paroisse de Saint-Germain-l'Auxerrois. Le château tomba dans une sorte de disgrâce ; il y demeura assez long-temps : son destin était de n'être habité par des personnes royales que de loin en loin. J'ai dit que Mlle de Montpensier y fut logée, pendant que son père Gaston courait le monde, poursuivi moins par la colère du cardinal de Richelieu que par son incertitude naturelle. Ce prince, incapable de demeurer tranquille et cependant de gouverner, passait sa vie à conspirer, et abandonnait au supplice ceux qui lui avaient prêté leur assistance. Le duc d'Orléans, homme sans caractère, sans vertus publiques, fit un mal extrême à la France, et se couvrit du mépris universel. On sait le mot dur de ce seigneur qui, placé un jour de fête sur une estrade d'où il ne pouvait sortir, en fut retiré par l'assistance de Gaston.

« Monseigneur, lui dit-il, je suis le premier de vos serviteurs auquel vous ayez tendu la main pour le faire descendre d'un échafaud. »

Sa fille était au contraire la femme la plus opiniâtre de tout son sexe. Elle fit nombre de folies : la moins grave peut-être fut son mariage avec Lauzun. Elle prit partie dans la guerre civile fomentée par le duc d'Orléans; et comblée comme lui des bienfaits de la famille royale, ce fut contre celle-ci qu'elle se déclara. La reconnaissance n'a jamais été, avant l'époque actuelle, la qualité de ceux de la maison d'Orléans : on les a vus à tous les âges de notre histoire répondre par des actes hostiles aux bontés dont nos rois ne cessèrent de les combler.

Mlle de Montpensier enleva Orléans au roi, y soutint la guerre, puis de retour à Paris, fit tirer le canon de la Bastille sur les troupes de Sa Majesté, commandées par Turenne; elle excita les libelles qu'on publiait contre la reine, et en fit tant, que lorsque le terme des troubles arrivés, Louis XIV rentrant dans Paris, commanda à cette princesse belliqueuse d'en sortir sur le champ; et afin que cet ordre parût plus dur, il fit dire à Mlle de Montpensier qu'il voulait loger aux Tuileries le duc d'Anjou, son frère, lui qui plus tard devint duc d'Orléans.

Celui-ci demeura aux Tuileries tant que le roi habita Paris. Il n'ajouta rien à la renommée de ce château. Ce prince, malgré ses exploits guerriers, qu'on lui fit, car je doute que par lui-même il fût capable d'aucune action virile, a laissé une mémoire chargée de ridicule, si toutefois un grand crime ne lui est pas imputé, celui de l'empoisonnement de sa première femme Henriette d'Angleterre.

Ce nouveau duc d'Orléans avait les goûts féminins; il lui fallait des robes, des pierreries et des anneaux; c'était à faire pitié. Vainement la voix publique s'élevait contre ces goûts ridicules ou honteux, le duc d'Orléans les conserva durant toute sa vie; et aux approches de la vieillesse, il *se faisait belle* et coquettait encore, cailletait, jacassait, commérait; se mêlant de minutie, de petites intrigues, de trames mesquines; sa vanité était insupportable, sa dévotion outrée, sa superstition pis que cela. Je ne peux résister à l'envie de rapporter ici une scène que sa seconde femme a pris le soin d'écrire elle-même, et dont par conséquent l'authenticité ne peut être révoquée.

« Il avait coutume, dit cette princesse (Char-
« lotte de Bavière), de porter le soir dans
« son lit un chapelet garni de médailles, qui
« lui servait pour y faire ses prières, avant de
« s'endormir. Un soir, ces prières étant finies,
« je dormais déjà, et je fus réveillée par un
« cliquetis assez fort; je me doutai que c'é-
« taient les médailles; j'éveillai mon époux,
« et lui dis :

« *Monsieur, Dieu me pardonne, mais je*
« *soupçonne que vous faites promener vos*
« *médailles, images et reliques dans un*
« *pays...... qui leur est inconnu?* » Mon-
« sieur me répondit : « *Dormez, dormez,*
« *vous ne savez pas ce que vous dites.* »
« Je le laissai se rendormir. Le bruit ayant
« recommencé, je me levai tout doucement,

« pris une bougie, m'approchai de son lit,
« et le saisissant par le bras, je lui dis :
« *Ah! pour le coup vous ne nierez plus?—*
« *Vous avez été huguenotte,* me répondit
« Monsieur, *vous ne savez pas de quelle ef-*
« *ficacité sont les images et les reliques; elles*
« *garantissent les parties de notre corps*
« *qu'elles touchent de maléfices et de*
« *malheurs. — Je vous demande bien par-*
« *don,* lui répliquai-je, *mais sans que je*
« *veuille vous rien disputer, vous ne me*
« *persuaderez jamais que ce soit honorer*
« *les saints et les saintes, que de laisser*
« *ainsi promener leurs images sur les en-*
« *droits les moins décens de notre corps, et*
« *contre le sens commun?* » (Fragmens des lettres originales de Charlotte Elisabeth de Bavière, tome 2, page 17.)

Les Tuileries redevinrent solitaires dès que Louis XIV eut donné le Palais-Royal en usufruit au duc d'Orléans son frère. Cependant, loin de les abandonner, ce grand roi y fit faire des travaux immenses, les augmenta de plus des deux tiers, puisqu'on lui doit les deux pavillons et les deux corps de logis des deux extrémités, ainsi que toute la portion de la galerie du Louvre qui s'étend depuis les Tuileries jusqu'aux anciennes constructions. Il fit en outre dessiner par Le Nôtre le jardin que M. Fontaine-Percier vient de gâter si admirablement; mais lui-même ne l'habita jamais, le séjour de Paris lui étant insupportable : il n'avait pu pardonner à cette ville ses révoltes multipliées.

Louis XIV mourut; son arrière petit-fils, Louis XV, âgé de cinq ans, monta sur le trône, soumis à la tutelle (saisie violemment) du duc d'Orléans, fils du frère de Louis XIV. Ce prince, connu sous son titre *le Régent*, ne put se résoudre à habiter Versailles. Le besoin de débauches de tous genres l'attachait à Paris. Il y amena le jeune roi, qu'il logea aux Tuileries. Ce fut pour la France une époque funeste à laquelle il faut rapporter la naissance de tous les malheurs qui l'ont accablée depuis. Le duc d'Orléans propagea l'esprit de fausse philosophie et d'incrédulité; il enleva par ses turpitudes honteuses toute la majesté du trône; il fit plus, il en avilit l'éclat, il dilapida les finances et ruina le royaume, afin de mieux enrichir sa propre maison; ses ministres furent les hommes les plus vils et les plus immoraux; ce fut lui qui en outre déshonora la nation en la rendant soumise à l'Angleterre, qui lui dicta ses volontés; ce fut le régent qui, pour maintenir la paix à tous prix, déshérita la France de son droit acquis par tant d'exemples, d'être le refuge des rois malheureux. On sait qu'il fit arrêter et jeter hors du royaume Jacques III ou le chevalier de saint Georges, comme on voudra le qualifier, et que cette action infâme eut lieu en vertu de l'injonction de l'Angleterre. On sait encore qu'il voulut enlever l'Espagne à la maison de Bourbon, pour en gratifier une maison étrangère; en un mot, si ce prince a eu des qualités, tous ses actes publics ont été funestes à la France ou propres à l'humilier.

Ce fut dans les Tuileries que Louis XV reçut la visite d'un grand homme, l'empereur de Russie, Pierre Ier. Une telle apparition ne se répéta pas durant tout le siècle, car Frédéric II ne visita point Paris. Le roi, après la mort du duc d'Orléans, qui de régent s'était fait premier ministre en second de l'odieux cardinal Dubois, son hideux ouvrage, le roi, dis-je, revint habiter Versailles, disant aux Tuileries un éternel adieu. Il n'y coucha et n'y remit pas les pieds pendant tout le reste de son long règne, et ce noble logement fut abandonné dès lors à des subalternes.

Quand Louis XVI monta sur le trône, qui se trouva de plein pied à un échafaud, la reine ordonna qu'on disposât les Tuileries pour la recevoir quelquefois, son projet étant de venir souvent aux spectacles à Paris, et ces jours-là elle n'irait pas coucher à Versailles.

Je crois que la chose n'eut pas lieu, et que d'après les représentations faites à la reine, cette princesse changea son plan, et choisit le château de la Muette en place de celui des Tuileries.

Les choses restèrent ainsi jusqu'aux journées fatales des 5 et 6 octobre 1789. La révolution alors triomphante et provoquée par le duc d'Orléans (Louis-Philippe-Joseph Egalité), souffrait avec inquiétude la présence du roi à Versailles, d'où il lui serait toujours facile de s'échapper, et d'où on l'enleverait avec plus de peine. Le duc d'Orléans et ses complices profitèrent du repas des gardes du corps (1er octobre) pour ameuter la populace de Paris. On sait comment elle marcha sur Versailles, conduite par les émissaires du duc, le 5 octobre; comment dans la même nuit le duc la dirigea de sa personne vers l'appartement de la reine, qu'il s'agissait d'assassiner, et comment ce crime manqué, on s'en revancha en entraînant à Paris la famille royale.

Les Tuileries devinrent la première prison de Louis XVI, car il ne fut plus libre dès qu'il y entra; il essaya de s'en échapper dans la nuit du 20 au 21 juin 1791 ; mais moins heureux que ses frères, il ne put se soustraire à ses ennemis ; des fautes nombreuses commises par lui et par tous ses agens amenèrent la catastrophe de Varennes ; reconduit aux Tuileries avec les siens, il y fut en véritable arrestation, puisqu'on l'y garda militairement et à vue jusqu'à ce qu'il acceptât la Constitution. Déjà on avait bien constaté sa captivité antérieure, lorsque la canaille s'était opposée à ce qu'il allât à Saint-Cloud.

Le 20 juin 1792, les portes des Tuileries furent forcées, une multitude insolente y pénétra ; il n'y eut sortes d'outrages qu'on ne prodiguât au roi : il dut boire de pair à compagnon avec ces misérables, ce qu'on ne peut faire sans dégradation ; il dut, en place de cette couronne qu'il ne possédait plus, couvrir son front du bonnet rouge (1) ; ce der-

---

(1) A propos de bonnet rouge, des personnes m'ont assuré avoir vu au Palais-Royal, depuis 1816, et contre la porte d'une chambre à coucher principale, le portrait de Philippe-Egalité coiffé de ce malheureux emblème. J'ai soutenu poliment à ces personnes que cela ne pouvait pas être, elles ont

nier acte d'humiliation décida le crime du 10 août.

Les Tuileries, depuis le séjour du roi, étaient le théâtre de diverses scènes scandaleuses ou déplorables; on se rappelle la manière dont les royalistes traitèrent le duc d'Orléans, la dernière fois qu'il osa s'y représenter; on le poussa, on marcha sur ses pieds, on cracha sur ses vêtemens, on lui prodigua de tels affronts qu'il sortit dans un état de rage difficile à décrire.

Lorsque le jardin des Tuileries eut été abandonné à la liste civile, on réserva au public la terrasse des Feuillans; aussitôt les jacobins établirent le long du parapet une barrière formée par un ruban tricolore, et une inscription menaça de la vengeance populaire ceux qui se permettraient d'entrer dans le jardin de *Veto*.

Enfin la royauté touchait à son terme. Le duc d'Orléans, impatient de saisir le sceptre, le

---

persisté dans leur dire. M. Vatout, qui a fait quatre volumes de notices sur les portraits du Palais-Royal, peut nous conter ce qui en est : il le fera sans doute. (*Note de l'auteur.*)

demandait avec instance à ses complices; et pour mieux réussir, il faisait venir à grands frais du fond de la Provence ces bandes criminelles, ces scélérats atroces connus sous le nom de *Marseillais ;* ces brigands décidèrent au 10 août la chute du trône; le roi et sa famille sortirent des Tuileries pour ne plus y rentrer; mais le duc d'Orléans n'osa pas s'y installer; il fit mieux, car de roi en expectative qu'il était, il renonça à sa qualité de prince, se fit sans-culotte, et ne garda pas même son nom.

Les Tuileries emportées de vive force furent pillées, et les Suisses ses défenseurs égorgés indignement; le sang ruissela sous ses portiques, que frappaient les boulets régicides des assiégeans. Depuis lors ce palais superbe ouvert à tous venans, servit de repaire aux comités de gouvernement de la Convention. Ce fut là que le duc d'Orléans, de concert avec Robespierre, Marat, Danton et les autres, décidèrent le vote juridique de Louis XVI. Je tiens d'un ancien domestique de la maison, que les conférences qui amenèrent le procès du roi eurent lieu dans la pièce où Louis-Philippe couche aujourd'hui; c'était à minuit que les conventionnels se rassemblaient, autour d'une table encore couverte d'un tapis fleurdelisé et chargée de viandes froides et de bouteilles. Ces conférences commencèrent vers le 29 septembre 1792, et se prolongèrent jusqu'au 13 ou 16 octobre suivant. Le duc d'Orléans n'en manqua aucune; il y venait en la compagnie de Voidel, son *factotum*.

J'ai dit que les comités de salut public et de sûreté générale s'installèrent dans les grands appartemens ou dans les dépendances du château; j'ai dit aussi que le Directoire eut peur d'y siéger, et qu'il se retira au Luxembourg, dont la petitesse était plus en harmonie avec sa majesté exiguë; il n'en fut pas ainsi de Napoléon, à qui commence la quatrième et la plus brillante époque de l'histoire des Tuileries.

Sous le règne de la terreur, on proposa de se défaire du jardin des Tuileries; l'idée était si folle, que je suis à me demander qui empêcha son exécution. Après le 9 thermidor, on fut plus raisonnable, et l'on commença des embellissemens auxquels Napoléon mit la dernière main. Ce fut alors que l'on construisit ces deux cirques de marbre que M. Percier-Fontaine n'a pu laisser intacts; on les destinait au repos des citoyens; on supprima un rang d'arbres de chaque côté de la grande allée; on supprima les bordures en buis du parterre; des fleurs remplacèrent les ifs, et le bon goût ne se plaignit pas; on y ajouta plus tard des balustrades en fer, et Napoléon fit établir la magnifique grille de la rue de Rivoli et celle de l'intérieur.

Dès que le premier consul eut assis son pouvoir, il quitta le Luxembourg pour une habitation plus majestueuse, celle des Tuileries. *Ce changement de domicile* eut lieu avec une pompe inusitée : le 17 février 1800, Napoléon se rendit aux Tuileries en grand cortége, accompagné des grands corps de l'Etat, des deux autres consuls, des ministres, et en mot de tout ce qui composait le gouvernement. Ce fut là qu'il ouvrit ses audiences, qui par degré devinrent si imposantes, si augustes, où l'on vit les rois de l'Europe confondus pêle-mêle avec les plus minimes fonctionnaires; où une parole du souverain avait des échos dans les quatre parties du monde; où se renouvelèrent les scènes d'éclat que la Rome des Césars avait seule et jusque-là présentées; jamais la grandeur de la France ne brilla de tant de splendeur.

Ce fut aux Tuileries que Napoléon donna des royaumes, qu'il divorça avec Joséphine, qu'il épousa une archiduchesse d'Autriche; aux Tuileries que naquit cet enfant, roi de Rome à sa naissance, et frappé de bâtardise quatre ans après par un autre empereur, son aïeul; ce jeune roi qui vit sans gloire (il vient de mourir), et à qui, pour relief unique, il ne restera même pas le nom de son père à graver sur son tombeau; car un rescrit impérial l'a déclaré fils d'un inconnu, et par conséquent né d'un crime.

La cinquième époque des Tuileries commence au gouvernement provisoire, en avril

1817; le comte d'Artois, Monsieur, fut le premier Bourbon qui en franchit le seuil; Louis XVIII y arriva au mois de mai suivant, et y promulga sa Charte immortelle, palladium éternel de la liberté en France. Les souverains cette fois reparurent aux Tuileries, mais moins humbles, sans cependant affecter trop un air vainqueur; ils appréciaient les causes qui leur avaient livré la France, et ils agissaient avec modération. La force d'âme du roi ne put lutter avec un plein avantage contre les écueils dont on l'environna; des fautes multipliées amenèrent une catastrophe sans exemple. Napoléon, relégué à l'île d'Elbe, en sortit librement; il débarqua sur la côte de Provence, à Cannes, le 1ᵉʳ mars 1815, et le 20 de ce mois il était à Paris, rentré aux Tuileries sans avoir eu un seul combat à livrer, sans démonstration hostile à faire, n'ayant d'autre obstacle à surmonter que la longueur de la distance : ce fut une leçon sévère dont la maison de Bourbon ne sut pas profiter.

Napoléon séjourna trois mois aux Tuileries,

que Louis XVIII abandonna dans la nuit du 19 au 20 mars, pour se réfugier à Gand. La bataille de Waterloo ramena le roi et les autres monarques, non plus ceux-ci en hôtes bienveillans, mais en vainqueurs avides. Ils foulèrent les capitulations, violèrent les accords antérieurs, prirent à tâche d'humilier cette royauté qu'ils prétendaient restaurer de nouveau, et finirent par lui dicter des conditions tellement onéreuses et humiliantes, qu'elles ne purent être oubliées de sitôt.

Cependant la sagesse de Louis XVIII, la douceur de son gouvernement redonnèrent de l'éclat au château qui en était le siége. Les Tuileries virent le mariage du duc de Berri, conclu sous des auspices funèbres. Leur paix habituelle fut momentanément troublée par l'explosion de ce baril de poudre, moyen ridicule imaginé pour feindre une conspiration, et qui nuisit beaucoup à ceux qui l'employèrent. Le respect dû au malheur m'interdit de raconter tout ce que je sais sur ce fait bizarre.

Le duc de Berri, qui était sorti des Tuileries pour aller à l'Opéra, ne put y revenir mourir; il dut rendre à Dieu son âme au même lieu où un assassin lui porta le coup mortel; mais il se perpétua néanmoins dans son fils, le duc de Bordeaux, surnommé l'*enfant du miracle,* et qui, comme le roi de Rome, a perdu bien jeune une belle couronne. Aurait-on pu croire également que cette vie commencée dans la pourpre serait continuée dans l'exil?

Louis XVIII décéda aux Tuileries, et le bonheur de la France le suivit au tombeau. Les Tuileries reçurent le nouveau monarque Charles X, et malheureusement aussi ses ineptes conseillers. La conquête d'Alger illustra le règne de ce prince, et devint le flambeau funéraire qui en éclaira glorieusement la fin. A peine le canon, organe de cette grande victoire, avait cessé de se faire entendre, que le tocsin, signal de la guerre civile, retentit à son tour. Des mesures funestes attentatoires à la Charte, des mesures qui tôt ou tard renversent ceux qui s'en servent, furent prises.

On viola sans besoin réel la loi fondamentale de l'Etat; on voulut anéantir la presse, l'influence du commerce; on établit des tribunaux d'exception par la mise de Paris en état de siége, bien que ce fût pendant la chaleur du combat.

Nul n'ignore la suite des évènemens parmi les trois journées des 27, 28, 29 juillet 1830. Ce dernier jour, et à deux heures et démie de l'après-midi, le peuple victorieux entra aux Tuileries, et rafraîchit par le feu de son artillerie les traces des boulets du 10 août 1792, que Napoléon avait mis tant de soin à faire disparaître. Le peuple aux Tuileries se proclama souverain, tandis qu'à l'Hôtel-de-Ville on travaillait à lui en donner un. Ce fut le duc d'Orléans, l'oncle du duc de Bordeaux. Ce nouveau roi ne se hâta cependant pas de venir habiter la demeure des monarques français; il laissa passer plus d'une année. Enfin, il y coucha, le.....

Un autre après moi, et plus tard, continuera l'histoire des révolutions du château des Tuileries.

CHAPITRE XIX.

Des Pairs.

La pairie des grands vassaux. La pairie jusqu'en 1789. Le Conseil des anciens tenant lieu de Chambre des pairs. Le Sénat. La pairie créée par Louis XVIII. Causes contraires aux avantages qui devaient résulter de l'établissement de la pairie. Comment il fallait la constituer. Que ses fautes ont amené sa perte. Qu'on l'a perpétuée en 1830 sur une mauvaise base. Preuves de ceci. Fautes commises alors. Ce que le bon sens indiquait. Ce qu'on a fait. Ce que la nation fera un jour.

L'ORIGINE de l'ancienne pairie française est voilée de ténèbres qu'il est inutile de chercher à éclairer. Restreinte d'abord aux grands vassaux de la couronne, elle était d'autant plus respectable, qu'elle avait de puissance positive : c'étaient de vrais pairs que ceux en position de pouvoir répondre avec impunité comme Enguerrand de Coucy à la question de Hugues Capet : *Qui t'a fait comte ?* par ces paroles hardies : *Qui t'a fait roi ?* Cette phrase renfermait toute la grandeur de la pairie, dont l'ère brillante s'éteignit enfin.

Les rois, appuyés sur le peuple et sur le clergé, travaillèrent à faire disparaître ces pairs arrogans et dangereux. Les fiefs immenses qui en formaient le titre disparurent successivement, engloutis dans la manse royale. La Normandie tomba la première, la Flandre vint ensuite, puis suivirent le Languedoc, la Champagne ; l'Aquitaine enfin. A la mort de Charles-le-Téméraire, la pairie de Bourgogne fut éteinte sans retour.

Les pairs auraient manqué si, soit par habitude ou pour conserver un titre dont l'éclat augmentait celui du trône, les rois n'eussent pas créé des pairs titulaires sans pouvoir réel, sans souveraineté positive. Décorés seulement d'un nom illustre, qui était le reflet de la pairie première, ceux-ci furent multipliés selon le caprice du prince, choisis d'abord parmi les membres de la famille royale, puis au rang des grandes maisons du royaume. Ils étaient, en 1781, au nombre total de cinquante-quatre; savoir: quatre princes de la famille royale, cinq princes du sang, un prince légitimé, six pairs ecclésiastiques, et trente-huit simples ducs et pairs, y compris l'archevêque de Paris.

Les priviléges de la pairie rendaient les pairs importans aux yeux de la nation; ils formaient une portion essentielle du Parlement, qui, dans certains cas, et pour que ses arrêts eussent force de loi, devait être *suffisamment garni de pairs*. Ils avaient dans les siècles précédens possédé plus de crédit, et même une sorte d'égalité avec les princes du sang, car ils prenaient rang selon l'ancienneté de la pairie, et par conséquent précédaient ceux de la maison régnante; mais à mesure que celle-ci gagna de prépondérance par la grandeur toujours croissante de son chef, les pairs virent diminuer la leur. Louis XIV surtout lui porta de rudes atteintes dont elle ne se releva pas. Ces égaux primitifs du souverain n'étaient, à la révolution de 1789, que ses premiers courtisans. Les présidens à mortiers marchaient déjà sur leur ligne, et par la force des choses, auraient fini par les précéder.

La pairie subit le sort de la monarchie, et disparut un instant avant elle; il n'en demeura aucune trace; car l'Assemblée nationale, qui consomma sa ruine, ne voulut en aucune manière la faire revivre, en se divisant en deux Chambres; la Législative et la Convention ne songèrent certes pas à relever la pairie.

Mais au milieu du tourbillon qui emportait toute chose, le besoin de la stabilité se faisait sentir, et cette stabilité ne renaîtrait que de la pondération des pouvoirs mieux balancés; les têtes fortes de la Convention finirent par le reconnaître et y rendre hommage. Dans le pacte que l'on nomma *Constitution de l'an* III, ils avouèrent que la monarchie constitutionnelle est le seul gouvernement propre à faire le bonheur des nations; mais n'osant d'abord revenir à un roi, ils le remplacèrent par cinq directeurs, dont l'unité forma le monarque : ils divisèrent leur Assemblée délibérante en deux portions, dont la première, sous la qualification de *Conseil des anciens*, fut le rétablissement complet de la pairie, moins toutefois l'hérédité et les prérogatives féodales, moins aussi l'inamovibilité.

Bonaparte, à son tour, s'empara des rênes du gouvernement. Ce ne serait pas lui qui reculerait devant une institution sage. Le Sénat qu'il créa, et remplit de membres à vie, devint la représentation presque parfaite de la pairie, avec autant d'éclat et plus d'autorité en apparence qu'elle n'en avait eu sous Louis XVI. Une nouvelle révolution eut lieu, Louis XVIII remonta sur le trône de ses pères. Il donna la Charte, convenable peut-être aux exigences du moment; elle ne reconstruisait pas l'ancien régime, mais s'en rapprochait le plus possible. Il y appropria l'antique institution de la pairie, la sépara complètement de la magistrature, et en fit le premier corps de la nouvelle Constitution. Les pairs furent d'abord héréditaires ou à vie; bientôt il n'y en eut plus que de la première sorte, et cela ne devait pas être autrement.

Cette institution ne ressembla ni aux grands vassaux, ni à leurs successeurs, ni au Conseil des anciens, ni au Sénat impérial; création nouvelle, et nécessaire au complément de la puissance législative, portion positive du souverain. La pairie fut appelée à une haute destinée : à prendre une place éminente, à se constituer, en quelque sorte, arbitre entre la royauté, d'une part, et la nation de l'autre. Le rôle devenait magnifique. La pairie eut, ou le malheur de ne pas le comprendre, ou manqua de force pour bien le jouer.

Etait-elle cependant en vraie position pour s'élever à la hauteur convenable? Formée d'abord en majorité d'hommes de toutes les époques, de tous les partis, de toutes les opinions: il y avait là des seigneurs d'autrefois, des républicains de la Convention, des membres du Conseil des anciens, des sénateurs de l'empire, des hommes enfin qui, depuis trente ans, avaient changé de caractère, d'opinion, de physionomie; parjures à tous les sermens qu'on avait eu la bonhomie de leur demander, gens fidèles seulement à leurs places, à leurs traitemens, à leurs pensions, accoutumés à tirer du trésor public des sommes énormes, accoutumés encore à voter en masse selon la volonté du chef; acceptant avec le même empressement toute loi, toute Constitution, toute Charte bonne ou mauvaise, imposée, octroyée; avides de titres, de dignités, de cordons, pensionnés en secret ou ostensiblement pour dire oui ou non, pour aider au jeu de la machine administrative, et pas pour l'embarrasser; en un mot, des qualités particulières sans doute, mais un ensemble qui ne valait rien; enfin, si par cas la Chambre des pairs avait la velléité de penser autrement que le ministère, celui-ci y jetait en une seule fournée des soixante, des quatre-vingts pairs à la fois. Dès lors où pouvait exister l'indépendance? nulle part, et la faute en était à ce mélange discordant.

Il eût mieux valu, en 1814, entrer profondément dans la question, choisir entre l'ancien et le nouveau régime, car il y a en un cas pareil nécessité d'obter. La fusion ne réussit jamais; elle eût pu être complète en préférant les hommes de la révolution. On aurait eu une force révolutionnaire, mais du moins unité : en n'admettant dans la pairie que des gens d'autrefois, on se serait donné un appui solide, parce qu'il aurait été compact; l'opposition n'aurait plus été systématique, mais journalière; elle aurait varié, et toujours les mêmes pairs ne se seraient pas montrés les amis ou les ennemis du gouvernement, quelqu'eût été l'esprit dominant de la pairie. Il aurait servi la monarchie, tandis que la pairie, telle qu'elle fut formée, a toujours nui à la maison de Bourbon, et est la cause principale de sa chute.

Ce tort est celui du créateur de la pairie : ceux de la pairie elle-même sont dans son opiniâtreté incroyable à ne vouloir rien être, à demeurer en arrière du trône, à répondre phrase par phrase à celui-ci, et sur le même ton ; à se croire si bien appelé à conserver, qu'elle a cru démentir son origine en prévenant le roi de l'erreur de ses ministres ; en s'imaginant que la faiblesse était de la dignité. Qu'en est-il advenu? que chaque jour la pairie, au lieu de gagner en importance, a décliné ; qu'elle est sortie de sa place élevée pour tomber au-dessous de la Chambre élective. Aussi, lorsque la révolution de 1830 a eu lieu, lorsque la pairie figurait encore au nombre des trois pouvoirs fondamentaux du gouvernement, elle apprit tout à coup que son sort était dans ce moment soumis à la volonté de la Chambre des députés, qui en disposerait devant elle, sans elle, et qu'on ne s'adresserait à elle enfin que pour qu'elle sanctionnât sa mutilation complète.

C'était la traiter en cadavre; et en effet, elle était morte sans s'en apercevoir. On doit regarder comme clôturé cet âge de la pairie commencé au retour de Louis XVIII, et achevé au départ de Charles X.

Une dernière époque de l'histoire de ce corps, est née de la Charte de 1830.

Ici, on est revenu à la faute commise en 1814. On a voulu faire de la pairie neuve avec des pairs usés de vieillesse et de consistance politique : on a dit à tous ceux qui avaient servi la royauté, la république, l'empire et la restauration :

<small>Avec le même zèle, avec le même amour</small>

soyez des nôtres, vous êtes bons pour ça ; ils ont dit oui, et la pairie s'est trouvée constituée. Qu'en est-il résulté ? que d'abord on en a chassé par violence des pairs, ce qui donne à l'avenir le droit d'en chasser à son tour ; et qu'on ne vienne pas m'objecter la radiation, en 1815, des pairs des cent-jours. Je répondrai que le cas n'est pas le même. Les pairs de Louis XVIII qui acceptèrent alors le titre *impérial*, durent nécessairement se démettre de celui qu'ils tenaient du roi, et cela, par le fait seul de leur serment à Napoléon. Le roi donc, à son tour, était dans son plein droit de les laisser de côté, puisqu'eux-mêmes et volontairement s'étaient séparés de lui. En 1830, au contraire, on déclare déchus tous les pairs d'un règne; on frappe donc d'illégalité tous les actes et les lois auxquels ils ont concouru; on dit à l'avance : Il nous plaît que de tel à tel jour on soit pair légitime; que de tel à tel autre on ne le soit pas; et qui prend sur soi une telle mesure? un corps électif, et nommé postérieurement à ces pairs. Il y a là-dedans une monstruosité sans pareille. Enfin, on a laissé à beaucoup de pairs le pouvoir de se démettre en motivant leur démission, ce qui n'a pu avoir lieu qu'en frappant d'un contre-coup désagréable ceux de leurs collègues qui n'ont pas reculé contre un serment de plus. Une extinction générale aurait paré à tout; il y aurait eu adresse et habileté, ce qui, à vrai dire, est rare par le temps qui court et avec les génies qui gouvernent.

A tant faire, pourquoi ne faire qu'à demi? pourquoi ne pas composer une pairie toute neuve, sans antécédens, libre de sa conduite à venir, puisqu'elle n'aurait pas besoin de la faire concorder avec sa conduite passée ? Le bon sens commandait cette reconstitution intégrale ; on n'a eu garde d'écouter le bon sens. Il disait encore : « Avant de nommer des « pairs, décidez ce que sera la pairie ; héré- « ditaire, à vie, décennale, à nomination royale « ou par le vote des colléges électoraux ; ne la « contraignez pas à assister à une discussion « désagréable et à consommer son suicide : « si elle est avant que son sort soit réglé, « elle en recueillera du mépris ; qu'elle trouve « en arrivant la besogne achevée ; alors plus « de honte pour elle, car on a discuté ses « droits sans qu'elle pût s'en mêler ; et sans « être insultée, en ne la consultant pas sur « ce qu'on décidera d'elle. »

Ce conseil avait trop le sens commun pour qu'on y prêtât l'oreille ; on a mis la pairie en présence de ses juges, en présence du public ; on lui a défendu d'élever la voix, de se défendre ; et quand on l'a eu foulée aux pieds, quand on lui a eu enlevé son reste d'existence morale, alors on lui a crié : Vous êtes pleine de vie, de force, de consistance, et *dignus est intrare in nostro doctes corpore*. Il en résulte que la pairie, discréditée, sans considération aucune, mutilée et mise à l'écart, boude aujourd'hui, est mécontente, est composée de cent élémens antipathiques; qu'elle manque de confiance en elle-même, d'homogénéité; qu'elle sait comment on peut s'y prendre pour la châtrer encore; qu'elle voit la perpétuité de ses fers, puisqu'elle ne peut se sauver dans l'indépendance de l'hérédité; que chaque pair, par amour paternel, devient esclave de tous les ministères nés ou à naître, et que les titres des aspirans à la pairie seront nécessairement désormais la perpétuité des lâchetés de leurs ancêtres.

En vérité, le juste-milieu est mal habile dans ses conceptions.

Tout ce que je viens de signaler s'est manifesté dans la session dernière; la Chambre des pairs l'a passée dans un mutisme affligeant; elle a approuvé toutes les lois par assis ou levés, comme sachant qu'une entière obéissance lui est imposée; qu'elle n'a même plus la pompe de son costume; qu'il ne lui reste qu'à s'envelopper du drap mortuaire en permanence, jusqu'au moment où la nation, mieux éclairée dans ses intérêts, voudra elle-même (car elle est souveraine) constituer avec plus de vigueur les pouvoirs destinés à concourir à l'action royale. Alors de cette élaboration sortira une pairie respectable, celle qu'il faut au pays, et dont le choix n'appartiendra pas à M. tel ou à Mme telle.

CHAPITRE XX.

Un conseil de ministres avant le conseil.

Causeries préparatoires. Sur le trésor. Sur la mode du jour. Rapport du ministre des affaires étrangères. Rapport du ministre de la justice. Rapport du ministre de l'intérieur. Rapport du ministre des finances. La Cour de cassation. Philippique d'un carbonaro absolutiste. Embarras de ces messieurs.

> Les plus mal à leur aise sont ceux qui tiennent la queue de la poële. — Non pas, s'il vous plaît, mais bien ceux qu'on y fait frire.
> (Rivarol.)

On me sait amateur de vieux tableaux et de nouvelles autographes; les marchands de curiosités sont toujours après moi. Un d'entre eux, la semaine dernière, m'a apporté en triomphe un petit cahier nouvellement écrit..... mais par qui?.... il n'a pu me le dire : nous sommes convenus que je publierais le texte, afin que l'écrivain se reconnaisse au style, et s'accuse lui-même. Le moyen de le dévoiler me paraît mal imaginé: n'importe..... celui-là n'a pas le sens commun qui en suppose à ses adversaires.

Cette autographe est le plumitif d'une séance de ministres avant le conseil ouvert; la voici fidèlement copiée : je n'ai pas besoin d'avertir que c'est un secrétaire qui a tracé l'œuvre en belle bâtarde.

Séb.... « Je crois que j'arrive à temps?

Bar.... « Voilà bien l'exactitude militaire.

Gir.... « Bonjour, chers collègues.

Mont.... « Oh! que je me suis amusé hier au soir, au cheval fondu.

Sou.... « Je croyais à une fourniture?

Séb.... « L'abbé est en retard.

Mont.... « Il ferme le coffre-fort.

Bar.... « Est-ce qu'il a toujours le même caissier?

Sou.... « C'était un bien galant homme avant son malheur.

Gir.... « Ah! oui, un grand malheur...; pris la main dans le sac.

Mont.... « Non, mais après l'en avoir tirée, et bien pleine.

Séb.... « Ce n'est au reste la faute de personne.... Voici l'oncle et le neveu.

Lou.... « Je suis en retard... Les prêteurs sont durs...; je leur ai dit : il nous faut de l'argent.

Sou.... « Ah! oui, de l'argent, c'est le nerf de la guerre...; sans argent point de *généraux*... je veux dire de Suisses.

Lou.... « Eh! mon Dieu, sans argent on n'a personne...; le dévouement commence à être hors de prix.

Gir.... « C'est tout simple : la mode a pris de se faire payer, et cela du plus grand au plus petit, et alors....

Sou.... « Au fait, de la gloire et de l'argent tout cela brille.

Mont.... « Messieurs, vous savez que le conseil sera aujourd'hui très-chargé; que nous avons chacun un rapport à lire, de hautes affaires à discuter; si nous nous entendions à l'avance?

Gir.... « Oui, entendons-nous; j'aime qu'on m'entende, cela m'arrive si rarement; quand je parle on a l'air de ne pas me comprendre, et pourtant je crie aussi fort que qui que ce soit.

Séb.... « J'ai beaucoup à dire sur la politique étrangère.

Mont.... « Quoi donc?

Séb.... « D'abord que je ne sais rien.

Gir.... « Voici un début très-intéressant, et si le reste est de la même importance....

Sou.... « Comment rien; et les ambassadeurs de Sa Majesté?

Séb.... « Ils sont dès l'été en quartier d'hiver à Paris.

Gir.... « Ah! par exemple, c'est une raison péremptoire.

Lou.... « Les notes des ministres étrangers.

Séb.... « Aucune ne m'arrive; on les escamote au passage.

Gir.... « C'est une mauvaise plaisanterie : faites donc un rapport là-dessus.

Sou.... « Mais enfin aurons-nous la paix ou la guerre?

Séb.... « Vous êtes bien curieux.

Gir.... « C'est vrai, mon cher maréchal, à quoi sert de savoir ces choses-là? Moi, par exemple, je ne me mêle pas plus de mon ministère.... Oh! j'ai un aplomb, une tenue (en riant).... je fais oublier Mont......, et on ne se souvient ni de Bar...., ni de Mér.....

Lou.... « Sur quoi donc portera votre rapport, puisque vous ne savez rien?

Séb.... « Le champ des conjectures est vaste; on peut supposer.... tout ce qu'on désire.

Gir.... « Et on en fait des réalités.... c'est un charmant ministre.

Lou.... « Vous ne savez donc aucune nouvelle de l'Angleterre?

Séb.... « On les adresse directement.

Sou.... « Rien de Russie?

Séb.... « Il n'en vient pas.

Mont.... « Et de l'Autriche?

Séb.... « Oh! que si...; je reçois exactement la *Gazette d'Augsbourg*.

Bar.... « Et de l'Espagne ?

Séb.... « Mina me promet de me tenir au courant.

Sou.... « Mais la Belgique, la Belgique.....

Séb.... « Tranquillisez-vous; les protocoles ne manqueront pas.

Gir.... « C'est toujours quelque chose ; car, enfin, le cinquante-sixième protocole n'est pas le cinquante-cinquième, et l'augmentation du chiffre prouve victorieusement que si ce n'est l'affaire ce sont les protocoles qui marchent, et cela est très-satisfaisant.

Séb.... « Puisque la partie des affaires étrangères a été traitée à fond, si nous passions à une autre. (*Silence universel.*) Allons, messieurs, que chacun s'exécute; vous, par exemple, M. Bar....

Bar.... « Messieurs, je reçois de tous les côtés les nouvelles les plus satisfaisantes; les conseils de guerre sont reconnus par certaines Cours royales, et rejetés par les tribunaux de première instance. La Cour de cassation balance encore, ce qui me fait présumer qu'elle suivra l'avis de son éloquent procureur-général, ce sauveur..... (*murmures*) l'un des sauveurs.....

Gir.... « A la bonne heure, mon garçon ; car nous tenons tous à avoir sauvé la France.... Vient-il votre homme ?

Bar.... « Je crois...., j'espère que non.

Gir.... « Au fait, pourquoi viendrait-il ? puisqu'il a choisi son Elysée.

Sou.... « Qu'il reste où il est, c'est un ambitieux.

Bar.... « Eh !... eh !...

Lou.... « Il aime l'argent.

Sou.... « Fi !...

Mont.... « Un entêté.

Bar.... « Eh !... eh !...

Gir.... « Qui nous renverrait tous à l'école, et qui prétend que nous en avons fait une.

Mont.... « Mon chef-d'œuvre, ma mise.... au moins cela prouve mon désintéressement. J'avais déjà donné au collègue Sou.... mes polytechniques, et maintenant je lui ai donné toute la France.

Gir.... « C'est de la galanterie et un excellent procédé. Le rapport d'ailleurs de l'ami Bar.... ne laisse rien à désirer, et le vôtre, bon Gustave.

Mont.... « Le mien roule sur la tranquillité parfaite dont jouit la France. Il n'y a eu, pendant la semaine dernière, que soixante-dix-sept émeutes, tant grandes que petites, tant politiques que locales; on n'aura pas à casser onze gardes nationales d'une part, et au plus seize cents croix à donner de l'autre. Le pain augmente partout, ce qui nous assure qu'il diminuera plus tard. Le choléra continue ses ravages; mais vu que c'est une spécialité, et que comme il faut mourir d'une façon ou d'autre....

Gir.... « Cet enfant est d'une profondeur....

Mont.... « Je n'en parle ici que pour mémoire. La guerre civile continue dans la Vendée, et la chose est d'autant plus heureuse, qu'elle sert à prouver l'excellent esprit de la population. La veuve Berri n'est pas encore arrêtée; on n'a pu connaître le nom d'aucun de ceux qui l'ont logée, ni par conséquent les maisons où elle a séjourné. Aussi, je demanderai de nouveaux fonds pour mieux solder une police générale qui rend d'aussi éminens services, et qui, si les circonstances ne la secondent pas, n'en est pas moins aussi dévouée que désintéressée; et le probe négociant qu'on a mis à sa tête...

Sou...., *avec enthousiasme.* « Quel homme pour les fournitures !

Mont.... « Continue à bien mériter.... de l'administration, car il est en tout digne d'elle; enfin, messieurs, les prisons regorgent de détenus provisoires; l'ordre légal est légalement suspendu....

Gir.... « Légal, légalement; la jolie antithèse !

Mont.... « Dans plusieurs contrées du royaume, on commence à n'abattre presque plus de croix; on n'élève guère plus d'arbres de la liberté. Les processions sont interdites par la volonté du peuple, dans chaque lieu où la loi les autorise, ce qui prouve de mieux en mieux combien la fusion s'établit. Les charivaris ont cessé, car tous les députés sont de retour dans leurs foyers, et maintenant on respecte la dignité de la Chambre élective. Si l'archevêque de Paris ne peut coucher en pleine sûreté dans une maison quelconque, tandis que nous avons ici soixante mille hommes de troupes régulières et cent mille de gardes nationales, il faut espérer qu'il le pourra incessamment, car le gouvernement est fort et veut être fort; enfin, si les artistes sont sans ouvrage, si l'industrie souffre, tel au milieu d'un violent orage chaque arbre, chaque buisson de la forêt est agité, mais dès que le soleil rayonnant a dissipé la nue, tout reprend sa place accoutumée, et la paix ranime la terre et les cieux.

G<small>IR</small>.... « Oh! quelle poésie!... c'est sublime! et si la France n'est pas heureuse après un rapport si admirable, elle sera par trop difficile.

M<small>ONT</small>.... « J'ai au moins le mérite de la clarté.

« Bar.... Et de la vérité. Notre situation est très-brillante, il faut en convenir.... Eh bien, monseigneur des finances, ne nous direz-vous rien?

« Lou.... Messieurs, l'argent de la nation est une branche positive des revenus du gouvernement; la nation ne prouve sa richesse que par sa dépense; et quelle dépense est plus patriotique que celle des impôts! L'infâme restauration en avait abaissé le chiffre autant qu'elle avait pu, et en cela on retrouve son odieuse manœuvre, non moins qu'en tout le reste de sa paternité populaire. Il convenait à la monarchie véritablement constitutionnelle, au gouvernement à bon marché, d'ajouter plusieurs centaines de millions au budget national, afin de frapper l'Europe du tableau des ressources immenses que la France possède; c'est une mesure unique que nous promettons d'augmenter de jour en jour, afin qu'à l'énormité des sommes encaissées on juge ce que nous pouvons faire. Nous y joindrons, messieurs, l'accroissement de la dette flottante, dette qui, au premier aspect, semble être le moyen de se ruiner sans qu'on s'en aperçoive trop, et qui n'est au fond qu'une manière douce d'aider à grossir l'impôt, sans trop faire crier le contribuable; enfin, messieurs, et toujours pour prouver de mieux en mieux l'état prospère de la France et l'économie du gouvernement, nous emprunterons de plus en plus, car il n'y a que ceux qui n'ont aucun besoin d'argent qui s'en procurent à des prix onéreux. Toutes ces choses doivent satisfaire la patrie; elle ne sera pas inquiète des bénéfices nécessaires que doivent faire les capitalistes, cette portion intéressante des citoyens, qui, ne payant rien de leur grande fortune à l'Etat, doivent en être largement récompensés; non plus que du sort des fournisseurs du traitement des fonctionnaires, et de l'exactitude mise par le Trésor à solder les mandats de la liste civile, ce qui, en somme, constitue tout ce qui doit être heureux et magnifiquement récompensé.

« Sou.... A merveille, l'abbé, à merveille!

Oui, un peuple n'est grand et ne prospère que quand il donne beaucoup. Et le marin qui est là va-t-il nous communiquer son rapport..... Est-ce qu'il est muet?

Lou.... « C'est une spécialité; il ne sort pas de ce cercle. Ne lui demandez pas de parler; comme il ne peut avoir ici son porte-voix, il ne saurait se faire entendre. Mais vous, maréchal, nous communiquerez-vous votre petite drôlerie? » (*Ici, la porte du salon est ouverte avec fracas; M. d'Ar.... se précipite au milieu de ses collègues.*)

D'Ar.... « Messieurs, tout est perdu.

Gir.... « Les colléges se seraient-ils emparés de mon ministère?

Mon.... « M'obligerait-on à pérorer sans avoir fait écrire mon discours?

Sou.... « Est-ce que les pots-de-vin seraient remplis d'eau claire?

Séb.... « Le pape nous aurait-il déjà excommuniés?

Bar.... « Les carbonari sont-ils en mesure d'obtenir nos portefeuilles?

Lou.... « R.... a-t-il fait banqueroute sans m'en prévenir? (*Le muet ne dit rien.*)

D'Ar.... « C'est pis que tout cela, cent fois pis; la Cour de cassation....

Tous. « Eh bien!

D'Ar.... « S'est prononcée contre les conseils de guerre, la mise en état de siége.

Sou.... « Comment..., comment.... Morbleu! je vais faire dire à Du.... qu'il cite devant lui la Cour de cassation en masse.

Bar.... « Un acte d'indépendance sous un régime constitutionnel, et avec un garde-des-sceaux dont les opinions étaient ultra-républicaines.... Où sommes-nous, messieurs?.... où sommes-nous?..... On n'a pas voulu me croire; si on avait jeté dans la magistrature un millier de libéraux tels que moi, elle serait aux genoux du gouvernement; car vous voyez, excellences, combien sont indépendans tous les carbonaro, libéraux, jacobins, appelés, depuis 1830, à faire partie des autorités. Il n'en est pas un seul qui n'obéisse à l'œil ou au doigt, parce qu'on les paie bien, et qu'ils savent que la vertu consiste à faire ce que veulent ceux qui nous achètent cher ; tandis que les hommes de la restauration, ces vils esclaves de la probité, de l'honneur, du respect à la loi, de la religion, *rendent des arrêts et non pas des services*. Du moins ils le font, quoique ceux-là ne se vantent pas de l'avoir dit.

Mont.... « Que faire cependant ?... qui nous conseillera ? Voyons, messieurs, donnez votre avis.

Sou.... « Je suis homme de guerre, je sabre et ne bavarde pas.

Lou.... « Mon emploi est de procurer de l'argent, et non de faire de belles phrases.

Gir.... « Mon avis..., mon avis.... Je crois...; vous comprenez bien.... La circonstance...; je ne sors pas de là, et présume que le conseil se décidera pour la mesure que je viens de lui proposer.

Mont.... « Je réclame la priorité pour la mienne.

Séb.... « Quelle émulation!... Chut! messieurs, on vient, c'est le président.

CHAPITRE XXI.

Un conseil de ministres.

Monologue. Le choléra. La liberté intérieure. Route nouvelle ouverte au commerce. Comment il faut faire la paix. Diplomatie particulière. Bonsoir, messieurs.

> Je le guette ; s'il crache, il est perdu.
> — Il ne crachera pas, et parlera toujours.
> (*Les Anecdotes modernes.*)

Le président entre...; il rit..., c'est sa coutume...; il s'assied, on l'imite... Il regarde chaque membre, puis il dit :

« Messieurs, la séance est ouverte... Je ne viens pas ici pour violenter les opinions, mais, au contraire, pour leur laisser une entière latitude : la mienne n'est nullement formée; j'ai besoin de vous entendre avant que de l'établir; j'ai besoin, pour m'éclairer, du concours de vos lumières, de votre expérience. Vous ne me les refuserez pas, messieurs; je vous laisserai dire tant que cela vous conviendra. Je hais les parleurs éternels, ceux qui s'emparent impitoyablement de la discussion... Mon rôle ici est d'écouter et de profiter de ce que vous m'apprenez, car mon devoir ensuite est de rendre compte au souverain de ce que vous déciderez..... Les circonstances sont graves, très-impérieuses; on nous pousse à la guerre, et je veux la paix..... Le choléra continue ses ravages; et à ce sujet je vous dirai, messieurs, que, bien que cette maladie n'ait point encore paru en Amérique, je l'y ai étudiée avec soin dans la fièvre jaune. Vous m'observerez qu'elles ne se ressemblent pas, c'est possible; mais enfin elles tuent toutes les deux; et c'est là l'essentiel.... Les mesures sont prises; on a choisi des médecins qui ne s'entendent pas.... Qu'importe? les souscriptions arrivent, les malades seront secourus, et le gouvernement fera cette économie... L'économie, messieurs!

je vous la recommande; plus nous administrons à bon marché, plus il convient de rendre le moins possible et de se réserver une poire pour la soif...... Je dis ceci en passant, et par forme de règle de conduite. Le maréchal pensera comme moi..... Maintenant, messieurs, je suis prêt à vous écouter, et vous avez la parole. »

(MONT... *ouvre la bouche; le président la lui ferme par un geste rapide, et continue, car il ne s'est pas arrêté.*) « Je sais, monsieur, tout ce que vous allez dire. La situation intérieure est parfaite et on ne peut plus tranquillisante; les troubles vont toujours leur train; la Vendée est toujours agitée, les citoyens sont plus divisés que jamais, ce qui prouve la liberté dont tous jouissent. J'ai reçu des nouvelles qui me font espérer que quelques conseils-généraux et de communes approuveront la marche de l'administration : ce sera très-agréable, et je m'en contenterai faute de mieux. Le clergé persiste à se plaindre des entraves mises à l'exercice du culte; il ne fait pas attention que c'est une des conséquences de la liberté dont jouit la France. Si cependant le clergé continue à bouder, il sera bon et paternel de suspendre la délivrance des traitemens.... Je sais le prix de l'argent, et j'ai la pleine conviction que nulle punition n'est plus efficace que celle-là.... Quant à vous, monsieur d'Arg...., je rends justice à vos efforts, à vos vœux pour le commerce; mais s'il ne prospère pas encore, s'il reste de ce côté les bras croisés, il peut se procurer un autre genre d'activité, celui des exercices civiques de la garde nationale; c'est une nouvelle carrière que je lui ai ouverte, et où je l'engage à marcher dignement. Montrez-lui les avocats, avoués, notaires désertant le cabinet et l'étude pour la théorie et l'école du bataillon, leurs clercs seuls faisant la besogne; les agens d'affaires et les agens de change eux-mêmes désertant la Bourse pour assister aux exercices du matin et du soir. Dites-lui encore que, s'il voyait jour à de grandes spéculations étrangères, il ne s'y livre que modérément, afin de ne fournir à l'Angleterre aucun sujet de plainte contre la France...... Je loue M. le ministre des finances de la régularité de ses comptes, de l'exactitude de ses paiemens; le souverain l'en récompensera au jour qu'il en sera certain..... Je répondrai à ce que vient d'avancer le ministre de la guerre, en lui disant que l'état de pleine paix, quel qu'il soit, est toujours honorable; que la guerre a des chances désagréables, dont les suites peuvent être fâcheuses; que d'ailleurs la nation a tant de gloire, qu'un peu plus ne l'enrichirait pas beaucoup. Je sais combien nos soldats ont de la bravoure; je leur en fais mon compliment : ils ont gardé le lion de Waterloo avec une magnanimité qui m'est chère. Que serions-nous devenus, messieurs, si, pour avoir essorillé en passant cette méchante bête, il nous avait fallu combattre contre toute l'Europe? Grâce à Dieu, l'ordre du jour du maréchal Gérard a protégé ce monument respectable. Continuez, monsieur le ministre, à bien mériter de la patrie en tâchant de répandre dans l'armée l'amour de la concorde et de la paix, en en extirpant ces pensées ambitieuses de conquêtes dont la France ne doit pas s'occuper. La France a tout ce qu'elle peut avoir, un territoire diminué d'étendue, des places fortes qui la brident sur ses frontières, en la mettant dans l'heureuse impuissance de faire un pas au-delà. Un gouvernement à bon marché, un surcroît d'impôts très-approprié aux circonstances, un nombre suffisant de sauveurs qui la sauveront une autre fois et au même prix; un roi qu'elle aime, un roi qui l'aime, elle et ses biens, et tout ce qu'elle possède; ces avantages valent certainement plus que ceux que procureraient les armes..... Quant à vous, comte Séb...., je vous annoncerai que la question de la Pologne est décidée; il n'y aura plus de Pologne : vous mettrez tous vos soins à faire disparaître cet ex-royaume de toutes les cartes géographiques du dépôt des affaires étrangères, parce qu'il faut de la fermeté dans un gouvernement. Je vous annoncerai aussi que la question de la Belgique est toujours au même point; ces messieurs qui s'en mêlent tiennent à compléter les cent protocoles; ils en approchent; et s'il me revient à ce sujet quelque chose de curieux, je vous en ferai part. Le Saint-Père vient d'excommunier indirectement le roi des Français et tout le ministère..... Tranquillisez-vous, messieurs, vous ne serez pas longtemps privés de votre part de paradis que vous assure un précepte de l'Evangile; des ordres énergiques seront donnés, des mesures vigoureuses seront prises; on mandera à l'ambassadeur du souverain à Rome de se jeter aux genoux du Saint-Père, et de ne se relever que lorsqu'il aura obtenu le pardon pontifical dont, entre nous, il faut convenir que nous avons besoin, car enfin l'expédition d'Ancône a son côté sacrilége. Je vous apprendrai que l'Angleterre veut seule se mêler des affaires du Portugal; qu'elle prendra Anvers, selon toute apparence, à condition que nous rendrons Alger à qui de droit, à elle en dépôt, par exemple, et que nous éviterons de déclarer la guerre au duc de Modène, car elle croit que l'envie en est venu au conseil ; et nous devons, messieurs, profiter de cette erreur, afin d'obtenir du cabinet de Londres les concessions que je vous signale. J'ajouterai encore que toutes les puissances de l'Europe font des préparatifs immenses de guerre, ce qui doit nous détourner d'en faire autant, car vous savez l'adage latin, *si vis parem para bellum,* que je traduirai en français pour la commodité de Camille, qui n'a pas eu le loisir d'achever ses études : *Si tu veux la paix, prépare-toi à la guerre.* Ainsi, messieurs, notre calme parfait ne sera pas troublé. Je rends justice à vos travaux, à vos talens, à l'éloquence avec laquelle vous venez d'exprimer vos avis. Je m'y range, ne pouvant trouver mieux. Tous les points en discussion étant donc arrêtés, messieurs, le conseil est clos et la séance levée. »

CHAPITRE XXII.

De l'art dramatique vu des Tuileries.

De la nouvelle censure dramatique. Histoire de ses premiers actes. M. d'Anglemont. Propos de M. d'Argout. Mesures prises par les auteurs. Nouvelle route. Ses inconvéniens. Bon sens des spectateurs. Preuves à l'appui.

J'AI entendu pendant seize ans faire le reproche à la restauration de manquer de bonne foi, et de chercher, par toutes sortes de voies détournées, à venir à ses fins secrètes et au but qu'elle s'était toujours proposé. La restauration a manqué de finesse et de force. J'ai grand peur qu'on n'adresse les mêmes accusations à la révolution de 1830, ou plutôt à ceux qui l'exploitent maintenant à leur profit. Oui, je trouve peu de franchise dans l'allure de certains ministères dans les actes de telle ou de telle administration. Voyez, par exemple, celle des affaires étrangères, travailler sans relâche à faire revenir l'Europe de la frayeur que la France lui causait naguère; et tandis que ce ministre dit aux souverains qu'il muselera la liberté chez tous les peuples, il ne manque pas, lorsqu'il monte à la tribune, d'affirmer qu'il contribue de tous ses moyens à maintenir dans son éclat la grandeur nationale.

On a fait la révolution à cause de la Charte violée; et la Charte nouvelle ne l'écorne-t-on pas quelque peu? Qu'a-t-on fait de l'article 4, par exemple, et de l'article 51 encore? Je le demanderai aux gouvernans, ne rôde-t-on pas autour de celui si précis qui accorde la liberté pleine et entière de la liberté de la presse, corroboré dans le premier instant par des décisions ministérielles, portant entre autre cas l'abolition complète de toute censure dramatique? Les théâtres en retireraient un grand avantage, l'art ne devant plus être garotté, et l'on doit convenir qu'au début du nouveau régime, les théâtres en ont profité largement. Mais cette concession était faite sans franchise; on voulait surtout qu'elle ne fût pas durable, et voici comment on s'y est pris.

Le comte d'Argout, chargé de la police et des beaux-arts, avait nommé secrètement une commission de censure attachée à son bureau particulier, peut-être même composée des mêmes hommes de l'ancien gouvernement, et sous la présidence de M. Edmond Blanc, qui entend la révolution autrement que ceux qui l'ont faite.

Ce premier point établi, on convoqua les directeurs des divers théâtres, et on leur proposa de soumettre les ouvrages qu'ils voudront monter à une censure officieuse et mystérieuse surtout, qui leur indiquerait les changemens ou les suppressions à obtenir des auteurs; mais comme cette exigence devenait pillule amère pour les directeurs, on imagina, pour l'adoucir, d'employer le lénitif de la corruption, tout ainsi qu'on eût pu le faire jadis, et voici de quelle manière :

Un droit énorme, dit *des pauvres*, écrase les théâtres, qui, à la suite de la révolution, avaient refusé de le payer, sous prétexte qu'il était inconstitutionnel; des arrêts les y condamnèrent; et à l'époque dont je parle, plusieurs d'entre eux devaient au fisc des sommes plus ou moins considérables. L'agent du ministre mande les directeurs près de lui, leur propose la remise de leurs dettes, à condition qu'ils se soumettront à la censure cachée à ce tribunal occulte, dont les auteurs ne devaient pas connaître les arrêts, les directeurs ne paraissant agir que d'après leur propre impulsion; c'était là, certes, du véritable jésuitisme.

La tentation fut si forte, que les directeurs ne lui résistèrent pas d'abord; ils cédèrent. On arrêta la rédaction d'une lettre qu'ils signeraient, et qui contiendrait leur engagement. Ils le firent, et jusque là tout allait à merveille; on était sûr d'ailleurs des théâtres royaux. La lettre envoyée et reçue, le ministère put croire en être venu à ses fins; il se trompa. Le secret, qui seul aurait assuré le succès de cette manœuvre, ne fut pas gardé. Quelques auteurs en eurent connaissance; ils eurent même à lutter isolément contre le ministre. L'un d'eux, M. d'Anglemont, ayant éprouvé des difficultés pour la mise au répertoire d'un drame intitulé *Paul I*^{er}, alla trouver le ministre, et voici les propres paroles de M. d'Argout, telles que M. d'Anglemont me les a rapportées : *Votre pièce ne sera pas représentée de mon consentement; et si je le donnais, l'ambassadeur de Russie ne le permettrait pas.*

Les auteurs instruits, ainsi que leur commission permanente, de cette escobarderie ministérielle, parlèrent haut, se plaignirent, et menacèrent d'un éclat. Certains directeurs, mieux éclairés, revinrent sur l'accord qu'ils avaient passé, entre autres MM. Crosnier, Arrago, Harel, et un quatrième dont le nom m'échappe, et j'en suis fâché. Ceux-ci écrivirent de nouveau à M. d'Argout, que dussent-ils payer tout ce qu'on réclamait d'eux pour le droit des pauvres, ils n'accéderaient plus à un traité qu'ils regrettaient d'avoir signé.

Pendant ce temps, les auteurs dramatiques se rassemblent, rédigent une protestation, et prennent entre eux la résolution de ne donner aucune pièce nouvelle, et de retirer du répertoire celles qu'ils auraient en représentation, à tout théâtre qui se soumettrait à la censure remise en lumière pendant le règne du roi-citoyen. Un acte solennel est dressé et revêtu de la signature des auteurs; il fait règle maintenant, sauf les infractions qui adviendront de la part de quelques écrivains avides et mercenaires.

Le rétablissement de la censure, mesure toute inconstitutionnelle, était provoqué par la frayeur légitime de messieurs du juste-milieu, qui craignaient peut-être avec raison de se voir peu après traînés sur la scène, où d'autres Aristophanes leur arrachant le masque qu'ils revêtent, les stygmatiseraient publiquement.

Il faut convenir qu'à la suite de la révolution de 1830, la littérature dramatique prit un essor bien capable d'épouvanter les hommes à deux visages; déjà plus d'un contemporain paraissait sur la scène, et une sorte d'anarchie littéraire, confondant tous les genres, amenait à ne plus respecter les personnes. Un public, avide d'émotions nouvelles et fortes, n'en trouvait plus dans la représentation des faits appartenans à la société idéale ou à l'histoire des temps passés; il lui fallait voir, agir et parler sur les planches, des personnages qui frappaient ses regards dans la rue, ceux dont le nom sifflé était dans chaque bouche, ceux-là enfin, ses contemporains, étaient les seuls dont l'aspect et les actes lui fussent agréables.

Ce n'était point par amour du romantisme, genre si faux dans ses prétentions à la vérité, mais l'amour des choses réelles, reposant sur la certitude qu'on assistait à la représentation d'un fait positif et récent; chacun alors apportait dans la salle ses amitiés, ses haines, y conspuait ceux qu'il conspuait ailleurs dans leur propre personne, et y applaudissait à outrance ceux clair-semés, en possession de son affection ou de son estime. Le théâtre devenait ainsi le char de triomphe ou le pilori des réputations modernes.

Il fut un moment où on put craindre l'établissement de ce nouveau mode de provoquer la manifestation de l'opinion publique, où des bornes n'étant plus posées devant la volonté d'un auteur, il dépasserait toutes les convenances, et immolerait à la risée du parterre ses ennemis, ses adversaires, ou ceux dignes du respect des Français. La marche de l'art dramatique n'alla cependant pas ainsi; il y a en France un sentiment des convenances, un fond de générosité et de délicatesse qui agissent sur la masse autant que sur les individus, qui interdisent aux passions d'aller trop avant, qui arrêtent la satire par trop audacieuse, qui repoussent le libelle effronté. Le peuple aime à rire aux dépens des ridicules triomphans, et il les couvre d'un voile lorsqu'ils deviennent malheureux.

Il a donné plus d'une preuve, immédiatement après les évènemens de juillet, de cette pudeur honorable, toute en faveur de l'infortune, par le froid accueil qu'il fit à ces caricatures ordurières, dégoûtantes, que des crayons sans talens, que des plumes avilies enfantèrent contre la maison de Bourbon ; les dernières classes de la société n'en voulurent même pas. Néanmoins, des auteurs mal inspirés essayèrent de faire monter sur la scène cette famille vaincue : M. Alexandre Dumas, par exemple, crut enrichir son drame de *Napoléon*, en y faisant jouer un rôle à des princes augustes, à une princesse que la vénération publique accompagnera toujours. Les murmures qu'il recueillit, le mécontentement universel du parterre, l'obligèrent, à la seconde ou troisième représentation, à faire disparaître cette inconvenance de son œuvre longue et non colossale. Les sifflets, dans les autres théâtres, firent justice de tentatives du même genre. Le public de Franconi recula devant les atrocités du *Curé Mingrat;* enfin, partout où le cynisme remplaçait les convenances, les spectateurs s'entendaient pour le repousser énergiquement. Ainsi, sans le secours de la censure officieuse et occulte, l'équilibre était rétabli, et le pouvoir perdait le plus fort argument en faveur de la loi qu'il prétendait présenter aux Chambres contre l'indépendance dramatique.

Ce n'est pas qu'il faille renoncer à traiter des sujets modernes, ni qu'il y ait nécessité à réculer dans l'histoire ; on peut se maintenir avec de la mesure au milieu de celle de nos jours, palpitante d'intérêt national. Il suffira de consulter la critique sévère et éclairée des citoyens réunis ; on en a eu un exemple dans le mélodrame intitulé *le Collier de la Reine*, œuvre tirée du procès célèbre du collier volé au cardinal de Rohan par une intrigante adroite. Marie-Antoinette et Louis XVI y parurent sous les formes les plus nobles et les plus dignes ; comme aussi dans le vaudeville de M. de Lamothe-Langon, intitulé *Madame Dubarri*, et donné sous le nom de M. Ancelot, Louis XV, loin d'être avili comme on aurait pu le faire, y est dépeint en roi supérieur à la foule des courtisans qui l'environnent; ainsi du reste.

Rien donc dans ce qui a eu lieu jusques à aujourd'hui, ne motive les craintes des intéressés. On ne traduira ceux-ci sur les planches qu'avec des ménagemens infinis, et dont ils n'auront pas à se plaindre; d'ailleurs, puisqu'ils ont de leur aveu joué la comédie depuis quinze ans, il est naturel qu'on leur fasse continuer leur rôle. Toute la différence sera qu'ils l'ont jouée à la cour, et que ce sera désormais dans une salle de spectacle, avec il est vrai moins de profit pour eux, mais avec plus de plaisir pour nous.

CHAPITRE XXIII.

Les trois époques.

La royauté républicaine. Quelques faits. La royauté bourgeoise. Pourquoi. La royauté militaire. L'histoire romaine rappelée à propos.

> C'est être médiocrement habile que de faire des dupes.
> (VAUVENARGUES.)

A LA révolution de juillet, et lorsque le souverain (le peuple) occupait encore les Tuileries, le gouvernement régulier qui succéda à l'improvisation du 29, se garda bien de renier son origine. Ce serait une chose amusante, et non moins instructive, que de compulser les journaux ministériels de ce moment, et de comparer leur langage avec celui qu'ils tiennent aujourd'hui. Il est, au reste, de toute justice d'avouer qu'une fois la première peur passée, et quand le souverain fut rentré dans ses mansardes et ses galetas, les anciennes habitudes reprirent vîte leur autorité, et l'on commença à manœuvrer dans un sens différent. On eut regret, en quelque sorte, de la victoire, et surtout de la reconnaissance du principe du jour que le pouvoir ne venait pas de Dieu, mais de la nation. Ce fut alors que M. Guizot, avec sa maladresse ordinaire, mit en avant le mot *quasi-légitimité;* que l'on s'attacha à faire rebrousser chemin à la révolution, en lui insinuant qu'elle avait été révolte; que l'on employa le prince de Talleyrand, et qu'on mit la France aux genoux de l'Europe; que les gardes-du-corps populaires, ces hommes vêtus d'une veste bleue avec passe-poil rouge, d'un pantalon assorti, et la tête couverte d'un chapeau rond garni d'un cuir noir sur lequel on lisait en lettres d'or 27, 28, 29 JUILLET, furent poliment renvoyés; ainsi qu'on cessa de payer les régimens de volontaires, et que les actes de familiarité royale diminuèrent à la suite des conseils donnés; qu'on écarta M. de Lafayette, et qu'on ne conserva M. Dupont (de l'Eure) que parce qu'on en avait encore besoin.

La fin du procès des ministres de Charles X fut le terme de la royauté républicaine; et cela fut convenable, car je crois avoir prouvé qu'entre la monarchie et la démocratie, il y a incompatibilité complète.

M. Périer, dès ce moment, acquit dans le cabinet occulte une influence marquée, et croissant dans la même proportion que baissait celle de M. Laffitte, honnête homme, et point à la hauteur de sa place. Alors commença plus que jamais la tendance marquée vers des formes dont naguère on s'était écarté avec tant d'éclat; on se mit à cajoler l'ancienne noblesse, qui ne répondit point aux agaceries du juste-milieu; on prépara des drapeaux tricolores, il est vrai, mais chargés de fleurs de lis dans leurs angles; on essaya de conserver aux pairs leur hérédité, *leur seigneurie ;* et si on n'osa rendre le *monseigneur* aux ministres, on espéra les maintenir dans l'*excellence,* qui avait bien quelque douceur. On insinua la convenance de ne paraître à la cour qu'en habit à la française, et on environna la majesté citoyenne d'une pompe dont elle s'était passée jusqu'alors.

On pourrait signaler une multitude de faits, tous prouvant moins isolément cette envie de continuer l'ancienne dynastie, tandis qu'il fallait en commencer une, et se rappeler que le roi Louis-Philippe avait été choisi, *non parce qu'il était Bourbon, mais quoiqu'il fût Bourbon.* Tout cela provenait des insinuations encore cachées, sans pour cela être moins puissantes, de M. Périer, le plus féodal des marchands, et qui est mort dans le désespoir d'avoir été nommé ministre par Charles X, et de ce que les évènemens ne lui ont point permis d'administrer la France au nom de ce monarque. Le libéralisme démocrate et d'égalité était odieux à M. Périer, dont le despotisme était véritablement féroce : aussi ne prit-il les rênes du gouvernement que pour ramener aux formes arbitraires et impérieuses de l'empire.

Mais, tandis que la camarilla, en plein exercice, s'occupait à conduire le char de la royauté constitutionnelle vers le chemin de la légitimité de principe, voici qu'une secousse violente imprimée à la voiture la maintint, malgré ses guides, dans la voie qu'on avait tant de hâte de lui faire quitter. Le véritable souverain de l'époque actuelle, celui qui ne dîne pas toujours, et qui souvent couche à la belle étoile, s'avisa de trouver mauvais ce tripotage, et déclara par ses actes que la famille de Louis-Philippe-Joseph Egalité n'appartiendrait pas à celle des enfans de Louis XIV; et en preuve, il se mit brutalement à effacer, briser, détruire les armoiries antiques, ces lis de quatorze siècles, en même temps qu'il attaquait la religion en renversant les croix.

La mauvaise humeur du souverain fit peur; on lui abandonna le catholicisme, les insignes de la royauté et les édifices, qu'il tenait à abattre. Mais, en même temps qu'on le conduisait ainsi, on s'éloignait de lui, et on tâcha de diminuer sa force en le divisant. On en fit deux parts, savoir : la portion qui composait la garde nationale, et celle qui, par sa pauvreté, ne pouvait aspirer à cet honneur. Pour cette fois, on vit bien les alliés qu'on se donna, le dévouement à la cause commune; et de cet accord, provoqué par le ministère Périer, sortit la seconde époque de la royauté constitutionnelle, que l'on désigne déjà sous le titre d'*ère de la garde nationale*.

On la cimenta par l'acte le plus inconstitutionnel que je connaisse, la réunion, dans les mains du maréchal Mouton, de l'autorité civile et militaire; car, dans le département de la Seine, il commande également à la garde civique et à la troupe soldée. Il est impossible que, plus tard, le ministère ne soit pas mis en jugement pour un tel cas.

Mais on reconnut bientôt dans cet état de choses un fond dangereux : la garde nationale, tant qu'elle serait dévouée, prêterait au pouvoir une grande force ; et toutefois il pourrait arriver que, par erreur, entraînement, espoir de mieux, haine des personnes, que mille causes motiveraient, cet appui ne se montrât menaçant d'abord, pour plus tard peut-être se rendre hostile. Alors on apporta plus d'attention à gagner l'affection de l'armée, jusque-là presque oubliée : on vint à elle ; on l'appela à soi ; on la cajola, complimenta, décora ; on en mit une portion considérable en garnison à Paris ; on employa tous les moyens imaginables à la contenter, à l'unir surtout avec la garde nationale ; on l'autorisa à forces choses que la saine politique repousse, par exemple à faire des adresses, à être autre chose que disciplinée, soumise et guerroyante ; et ne pouvant lui procurer de la gloire, on n'épargna rien de ce qui l'en dédommagerait.

Ceci devint la troisième époque de la monarchie constitutionnelle, où l'action militaire commence trop à se montrer. Le cabinet des Tuileries, composé d'hommes si médiocres, ne voit pas l'avenir : il ne s'aperçoit pas que tôt ou tard l'armée tirera violemment à soi le gouvernement, parce que c'est la pente naturelle des choses ; que les mises en état de siége, bien qu'approuvées dans le premier instant par la garde nationale, sont un moyen d'agir tellement hors de sa sphère, qu'elle finira nécessairement par le repousser ; que, d'une autre part, les exigences de l'armée augmenteront en raison des concessions qu'on lui aura faites. Napoléon, par exemple, ayant suivi la même route, n'était plus, en 1814, que le roi de l'armée, car la nation avait disparu devant celle-ci.

Enfin, le gouvernement trouvera bien, parmi les professeurs dont il s'entoure, quelqu'un qui aura lu l'histoire romaine ; celui-là, si on le questionne et s'il gagne à dire la vérité, racontera comment l'armée romaine, si bien disciplinée, si soumise aux lois, devint, par la faute des empereurs, garde prétorienne, et comment celle-ci finit par renverser l'empire et anéantir le nom romain.

CHAPITRE XXIV.

Intrigues de la Camarilla.

Ceux qui ont. Ceux qui n'ont pas. Statistique des premiers. Leur manége. Deux camarilla. Celle du dedans. Celle du dehors. Particularités piquantes. Le maréchal Mouton. MM. Solignac et Bonnet. Propos d'un membre influent de la camarilla. Quelques révélations.

> Il est plus difficile de s'empêcher d'être gouverné que de gouverner les autres.
> (LA ROCHEFOUCAULD, *Maximes*.)

Si les royalistes ne s'entendaient guère pendant que les Bourbons régnaient en France, il faut convenir que les vainqueurs ne s'entendent pas mieux. Ils sont d'abord divisés en deux camps bien tranchés, ceux qui ONT et ceux qui N'ONT PAS. Ceux qui ONT ont qualifié leurs adversaires d'abominables jacobins; ceux qui n'ONT PAS, leur rendent la politesse en les appelant lâches, serviles, ce qui me prouve que ces messieurs ne sont pas satisfaits.

Il paraît que maintenant il faut que chaque révolution profite à tous ceux qui l'ont faite ; que ceux laissés nécessairement à l'écart crient à la trahison, désignant ainsi la non admission au partage ; ceux qui n'ONT pas sont loin de marcher tous sous la même bannière. Il y en a qui s'intitulent *constitutionnels purs*, ce qui, je le dirai en passant, ne veut rien dire ; d'autres se nomment libéraux (un peu plus démocrates); certains se prétendent républicains (les niais); enfin, il y a des jacobins réels (les furieux). Je ne signale pas une cinquième classe, ceux qui ne sont rien, en attendant d'être quelque chose ; ceux-là boudent, murmurent sans injurier, et sans conspirer surtout.

Ceux qui ONT ne sont pas plus homogènes et ne peuvent non plus former une masse compacte. Je compte parmi eux : 1° les *légiti-*

mistes, qui, à l'aide d'une fiction, disent : Le peuple souverain ayant remis l'exercice de son pouvoir au roi élu, le roi élu est donc pleinement légitime; et si hier il tenait ses droits du peuple, demain il prétendra les tenir de Dieu seul, et tout sera fini;

2° Les *quasi-légitimistes* : ils veulent, ceux-là, que le roi n'ait été pris roi, que parce qu'il était le plus proche parent de la maison régnante en juillet 1830; c'est assurément la plus sotte pensée qu'on puisse émettre, et aussi est-ce conséquemment celle qu'on préfère, qu'on caresse et qu'on nourrit avec le plus d'affection;

3° Les *monarchistes constitutionnels*, ou les *doctrinaires*, gens qui n'émettent jamais de principes, et qui parlent toujours en vertu de ces principes qu'ils n'émettent pas;

4° Les *monarchistes-républicains*, autre mauvaise plaisanterie de l'époque, ceux qui se flattent qu'un roi est possible avec une forme de gouvernement qui le repousse;

5° Les *absolutistes*, enfin, car il y en a

parmi ceux qui ont, et ce ne sont pas les plus mal traités.

Ceux qui ont emplissent les Tuileries; ils n'en sortent que quand on les en chasse; et lorsqu'ils ne peuvent être dans le château, ils descendent au jardin, à tel point ils ont frayeur de s'écarter du monarque et de se laisser perdre de vue. Leur vie n'est pas tranquille; ils la passent à se haïr, à se craindre, à se jouer de méchans tours réciproquement; c'est à qui rendra le plus de justice à ses concurrens, en les déchirant outre mesure. Soyez certain que lorsqu'un article de journal daube sur un employé du château, que l'article a été fourni ou payé par son subordonné; que lorsqu'une caricature tympanise M. A***, c'est que le crayon qui l'a tracée a été tracé par M. R***; que si M. O*** est mécontent d'une chanson à son encontre, il ne doit s'en prendre qu'à M. V***.

La camarilla du dedans, bien qu'elle se déteste entre elle, se réunit pour combattre la camarilla du dehors; car là aussi il y a deux fractions très-évidentes. Celle du dedans n'a de force que par sa position et par son incapacité; celle du dehors a des talens, mais ne couche pas sous le toit sacré, et c'est là son grand désavantage. Une dame très-influente soutient messieurs du dedans, le besoin de conseil aide messieurs du dehors; bref, la lutte est continuelle. Je ne dirai point que c'est celle des deux principes de Zoroastre, parce que je n'y vois pas d'Oramaze.

Il y a encore mésintelligence complète entre la partie militante du château et l'état-major général de la garde nationale, logé sur la place du Carrousel; la chose est poussée au point qu'on ne peut se faire trop de caresses. On s'embrasse du matin au soir, afin de mieux se nuire du soir au matin.

Le maréchal Mouton jouit d'un crédit immense; cela doit être. On comprend pourquoi ce crédit importune, tourmente les intimes; il les met au supplice; on voudrait pouvoir l'amoindrir.

Il n'est point pour cela de ressort qu'on invente;
Quelquefois on le plaint, souvent même on le vante,

mais toujours de façon à le mal servir. En résultat, on s'était flatté de le noyer dans l'affaire des pompes, et, tout au contraire, il en est sorti savonné, blanchi et net à faire plaisir. Le bâton de maréchal a augmenté le crève-cœur, et son ancien particulièrement n'a pu l'avaler encore, et par suite ne le digérera pas de long-temps. Le comte Mouton, de son côté, a des amis qui prennent soin de ruiner ses adversaires; ils font ressortir l'inutilité des uns et la ganacherie des autres; ils insinuent une foule de petits faits point à leurs louanges, rendent fèves pour pois, et ridicules pour ridicules.

Tout ce que je vous signale est encore enveloppé d'un profond mystère que les initiés découvrent seuls. On admire dans la cour et dans le Carrousel la touchante intimité de gens qui se dévorent. La guerre, pour être ainsi voilée, n'en est pas moins active; on se la fait autant au moyen des auxiliaires que directement. Telle destitution, telle nomination aussi surprenante l'une que l'autre, est la conséquence d'un coup fourré entre ces hauts ennemis perpétuellement en guerre. Le scandale qui vient d'avoir lieu dans la Vendée, entre les généraux Solignac et Bonnet, a eu sa source dans le fait que je signale ; ce sont les protecteurs de ces messieurs qui les ont poussés à l'éclat inconvenant dont chaque instigateur espère profiter au désavantage de son antagoniste.

Ces deux partis avaient moins de force pendant que vivait Casimir Périer; il les contenait par la peur qu'il faisait à tous. On savait que sans qu'il fût aimé, on lui abandonnerait ceux dont il demanderait le sacrifice; la royauté ayant à son égard commis la faute de Charles X., lorsque ce malheureux prince présenta M. de Polignac comme son va-tout. On avait tant dit que tout l'édifice reposait sur M. Périer, que l'écarter était devenu impossible. Il le savait; et loin d'alléger ce joug, il le rendait mille fois plus pesant.

La crainte donc qu'il inspirait contenait la camarilla intérieure; elle le haïssait à l'extrême, et cela à tel point, qu'un de ses membres-chefs apprenant la mort du président du conseil, ne put s'empêcher de dire :

« Si maintenant le choléra tombe sur des personnes qui me sont chères, je ne sais en vérité si j'aurai le droit de le lui reprocher. »

Au demeurant, cette camarilla est toute trembleuse, mesquine et puérile; son effroi passe les bornes; elle a peur de son ombre. C'est elle qui a doucement expulsé de l'intimité M. Casimir de Lavigne ; on a redouté son esprit et ses idées généreuses; j'aime à le croire. Elle a pareillement mis son *veto* sur un autre homme de lettres, qui s'est éloigné tout à coup d'un lieu où on l'avait si bien accueilli, et où ce me semble il conserve une place secondaire sous la direction de M. Vatout.

Cette camarilla craint la guerre, qu'elle ne saurait faire; aussi est-elle opposée au maréchal Soult, qui la voudrait par deux ou trois raisons de poids : elle évitera tout ce qui faciliterait l'apparition d'un génie supérieur, et ce qui interromprait des habitudes cazanières dont elle tire toute sa force. Ce sont presque toujours des calculs de ce genre qui nuisent aux souverains; ceux-ci ne les soupçonnent pas, et cèdent à une opiniâtreté qu'ils prennent pour de l'attachement véritable. Une personne très-liée avec un membre de cette coterie m'a promis de me confier une correspondance originale de son ami, aussitôt que celui-ci ne le sera plus : elle prétend ce recueil très-curieux; il commence au mois de juillet 1830, et va jusqu'à la semaine dernière. Si je juge que le public puisse s'intéresser à ce recueil, je lui en ferai part.

CHAPITRE XXV.

Des conspirations et des conspirateurs.

Pourquoi, avant juillet 1830, on n'arrivait pas au chef de toutes les conspirations. Inhabileté de la police actuelle. Qu'elle mystifie toujours le public. Sa généalogie ascendante et descendante. Ses manœuvres maladroites. Les tours de Notre-Dame. La rue des Prouvaires. Pourquoi la police est mal faite.

---

*Ego verum amo, verum volo dici mihi :
mendacem Dei.*
(PLAUTE, *la Mostellaire*, acte 1er, scène 3.)

J'aime la vérité ; je veux qu'on me la dise : les menteurs me sont odieux.

La restauration eut la main malheureuse; on conspira pendant seize ans contre elle, et jamais ses agens ne parvinrent à saisir les conspirateurs chefs. La canaille se laissait toujours prendre ; c'est son usage : mais lorsqu'il fallait monter à plus haut......, bonsoir. Je me tourmentais de ce fait, et un beau matin, trouvant en bonne humeur un homme en position de tout savoir, je lui demandai qu'il m'expliquât ce phénomène; il me répondit à brûle-pourpoint :

« C'est que, pour de si loin et de si bas que l'on parte, on finit par arriver au même homme, au seul qu'on ne veut pas mettre en prévention.

— « Il est donc bien puissant?

— « Non; mais son nom est sa sauve-garde perpétuelle, et Monsieur (Charles X) est là pour l'épauler.

— « Il est bien bon.... (je pensais plus durement); et il l'appelle......»

Le monsieur qui savait me jeta ce nom à l'oreille..... Je poussai un cri, et j'admirai la magnanimité de Monsieur. Cependant, après un peu de réflexion, le cas me parut si affreux, si parricide, que j'en doutai, et j'allai m'imaginer que la police d'alors, pour cacher son ignorance, calomniait qui elle accusait ainsi.

Mais un jour, où certes les égards n'ont

lieu pour personne, aujourd'hui où l'on a jeté à la porte M. de Lafayette, dès qu'on n'a plus eu besoin de lui, comme on y jeterait un laquais, il n'est plus possible de se sauver de la même manière. Cependant on ne fait pas mieux; la marche vacillante et oscillante du gouvernement se heurte sans cesse contre une conspiration à droite, à gauche, tantôt *ultrà*, tantôt républicaine, aujourd'hui tentée pour Napoléon II, demain en faveur du fédéralisme; on fait un bruit à rendre les gens sourds des richesses conspirantes qu'on rencontre; on arrive toujours à des découvertes majeures; on ne saisit que des *papiers qui doivent jeter un grand jour sur telle ou telle manœuvre; on tient enfin la correspondance secrète d'un parti...* Eh bien! tout cela disparaît en fumée; ce sont des lettres-de-change protestées, des comptes de tailleurs et autres billevésées. On rencontre, il est vrai, parfois, au fond d'un secrétaire, une chanson séditieuse, imprimée par malheur, depuis six mois, dans les *Cancans*, le *Revenant* ou *Brid'Oison;* avec celle-là on fait vivre pendant trois jours les *Débats*, le *Constitutionnel*, la *France-Nouvelle*, le *Nouvelliste;* mais de chefs conspirans, pas un mot; ceux-là glissent entre les doigts et échappent toujours.

Remarquez que M. Gisquet, si habile en fournitures, n'en sait pas plus en police que M. Saulnier, son prédécesseur;

Qui n'en savait pas plus que M. Vivien, son prédécesseur;

Qui n'en savait pas plus que M. Baude, son prédécesseur;

Qui n'en savait pas plus que M. Treilhard, son prédécesseur;

Qui n'en savait pas plus que M. Girod de l'Ain, son prédécesseur;

Qui n'en savait pas plus que M. Bavoux, son prédécesseur;

Lequel M. Bavoux avait autant de vertu, de patriotisme, de désintéressement et de talent que son successeur M. Girod de l'Ain;

Lequel en avait autant que M. Treilhard, son successeur;

Lequel en avait autant que M. Baude, son successeur;

Lequel en avait autant que M. Vivien, son successeur;

Lequel en avait autant que M. Saulnier, son successeur;

Lequel en avait autant....... On ne finirait pas à parcourir ce cercle vicieux. Un seul fait en déborde; c'est que dans les quelques centaines de conspirations qu'on a eu le bonheur de surprendre, on n'y a jamais découvert que l'action permanente de la police; et nul fil qu'elle ne tenait pas, ou, pour mieux dire, qu'elle ne filait pas, n'a pu être débrouillé et suivi jusqu'à ses deux bouts.

Quelle est la ville de France où l'on n'ait saisi quelque conspiration? Quel est l'homme connu qui a été mis en accusation, et dont l'acquittement ne s'en est pas suivi? On n'en citera ni quatre, ni trois, ni deux, ni un. Y a-t-il eu rien au monde de tombé si bas et en tel ridicule que le complot des tours de Notre-Dame? Si de véritables ennemis du gouvernement avaient imaginé cette mystification, aurait-elle été plus complète ? Voyez-vous cette trame affreuse découverte ! Il s'agit d'égorger tout Paris à la clarté et à la lueur d'un incendie général.... Ah! mon Dieu, est-ce vrai? — Comment! si c'est vrai; les scélérats sont saisis, et on les a garrottés au moment où ils exécutaient leur infâme ouvrage. — Ils ont donc mis le feu aux poudrières ? — Non. — Aux chantiers de bois, peut-être ? — Non. — Aux magasins de foin et de paille ? — Non. — Oh! la malice; ils auront essayé d'embrâser les entrepôts de vin? — Vous n'y êtes pas. — Comment (car sans doute ils travaillaient pour réussir, et cela va sans dire), ils auraient jeté des mèches inflammables dans la cave de chaque épicier ? — Ils ont bien mieux fait, ils ont mis la mèche..... — Où donc ? — Dans les tours de Notre-Dame. — Dans les tours de Notre-Dame! et pourquoi faire, s'il vous plaît? — Ne vous l'ai-je pas dit? afin, à la faveur d'un embrasement général.... — Monsieur, je suis un vrai bourgeois de Paris, né sur la paroisse Saint-Leu. J'ai cru à la douceur de la république, à la délicatesse du Directoire, à la liberté sous Napoléon, au despotisme sous Louis XVIII et de ses successeurs, au désintéressement des accapareurs de la révolution de juillet; mais, pour ce coup, c'est trop attendre de ma niaiserie; et à moins de croire que les rats de la cathédrale ne soient les uniques citoyens de la capitale, il faut être fou pour s'imaginer, et plus qu'insolent pour le prétendre, que des conspirateurs à sens commun choisissent un pareil lieu, si pleinement isolé, pour incendier Paris. Et puis, qu'y saisit-on? Sept malheureux qui allaient là, parce qu'on DEVAIT Y MANGER!!...... RISUM TENATIS..... Et encore la police est convaincue de les y avoir amenés, elle ou ses agens!

Et la conspiration de la rue des Prouvaires, cette tragédie fameuse qui se déroule en comédie et finira en farce complète. Toujours les mêmes agens, toujours la police.... C'est elle qui fait livrer les armes aux conspirateurs. Ceux-ci, qui sont-ils?...... Tout le public le sait.... Et ici encore la même marche suivie.... On saisit les conspirateurs qui exécutent, et jamais ceux qui commandent. Il y a cette fois un vieillard sans nom, sans demeure connue, riche, très-riche, qui enrichit les conjurés, mais qu'on ne trouve plus dès que l'affaire éclate.... Où est-il?.... Je le demande à la police. Où sont ses amis, ses égaux, ceux pour qui il agit?.... Savez-vous qui? La police nous donne à la place tous ceux qui, cette nuit de carnaval, couraient à pied, en voiture, à cheval et sur des ânes, les quartiers environnans, la guinguette; les gens en santé, en maladie, les nourrices, les médecins, tout y passa, fut encoffré, et puis remis en liberté lorsqu'on ne sut plus qu'en faire.

Enfin, une dernière commotion a lieu; celle-ci, véritable, terrible, sanglante; elle remplit Paris d'effroi; elle donne une véhémence nouvelle à la haine des partis; elle inspire le gouvernement à sortir de la Charte.... Eh bien! on n'a pu mettre en prévention que les hommes pris les armes à la main; les chefs sont encore à couvert; il y en a pourtant, il doit y en avoir. Pourquoi ne les signale-t-on pas? Eh quoi! on jouera sans cesse au colin-maillard avec les fauteurs de conspirations; on les cherchera, et on ne saisira que le vide!.... toujours lui, et eux, jamais! Il n'y a pourtant ici aucun prince du sang à rencontrer au bout du complot, et néanmoins l'impuissance de la police éclate.

Je pourrais encore signaler un fait bien autrement positif de son inutilité; mais à quoi bon? On me dirait que j'accuse de négligence ce qui est le résultat d'une haute combinaison politique.

Savez-vous pourquoi la police ne sait rien? C'est parce que les fonds de la police sont mal employés, qu'ils servent à tout, hors à la faire, et que si elle est aveugle, c'est parce qu'elle n'est pas manchotte.

CHAPITRE XXVI.

Le fond du sac.

Lettre écrite du château à un professeur diplomate. On est inquiet. Les trois prisonniers. Combien ils ont de tourment. Propos économique à leur encontre. Le filleul du roi présidant un conseil de guerre. Les autorités de Paris poussant à des exécutions. Que ceux qui, en 1830, parlaient contre la peine de mort, l'approuvent aujourd'hui. On est mal à l'aise aux Tuileries.

> C'est pis qu'un crime, c'est une faute.
> (Le prince de Talleyrand.)

Je venais de prendre chez mon libraire une production nouvelle.... Mon médecin voulant faire une expérience, m'avait ordonné le *cauchemar*, comme si c'eût été le lait d'ânesse ou de la crème de riz. Il s'agissait de me guérir d'une envie de rire inextinguible dont l'accès augmente chaque fois que je vois un libéral devenu juste-milieu.... Or, comment avoir le cauchemar à volonté quand on mène une vie réglée et qu'on ne peut demeurer couché sur le côté gauche? Je m'avisai qu'un livre bien gai, dans le genre moderne, où je trouverais potences, échafauds, crimes de tous genres, incestes, parricides et la petite oie, serait mon fait. J'en choisis un en deux volumes, espérant du moins en la quantité. Me voilà monté à mon balcon de la rue de Rivoli, d'où je vois si bien les Tuileries. J'ouvre l'ouvrage *charmant*... Un papier ployé en quatre tombe...; je le ramasse : c'est une lettre datée des Tuileries..... En temps de guerre, tout est de bonne prise..... Nous étions en état de siége, ce qui, constitutionnellement parlant, ne peut admettre celui de paix. En conséquence, je ne marchande pas avec le monsieur, qui est pour beaucoup dans tout ce qui se passe, et je copie, pour enrichir l'œuvre présente, tout ce qu'il mandait à un petit doctrinaire. Je présume que la femme de celui-ci, qui aime les gaudrioles, aura employé la missive égarée par son époux, à marquer le feuillet.... Or, si j'osais dire ce qu'il y avait sur cette page..... Cela m'est impossible ; j'ai plus de prudence qu'un livre du jour.

« Du château des Tuileries... (*La date manque.*)

« Mon très-cher, je suis et on est ici de très-mauvaise humeur. Nous avons fait une école; ils disent que nous en faisons cent par mois; c'est plus que de jours, et crois que c'est trop dire.... Pourquoi sortir de la Charte? Ce coup de collier me fait peur. Vous avez beau dire, vous qui l'avez conseillé, je vois des articles dispositifs. Et vous rappelez-vous pourquoi on prit les armes aux trois journées? Il y eut alors aussi une mise en état de siége, mais pendant qu'on se battait; et nous l'établissons après que l'on a battu.... Je suis tourmenté, et d'autres le sont avec moi. On parle beaucoup, afin de prouver qu'on a bien fait..... Quand la conscience accuse, les propos ne rassurent pas.... Pourquoi augmenter l'embarras de la difficulté en faisant arrêter MM. de Chateaubriand, Hyde de Neuville et de Fitz-James? Nous n'avons contre eux aucune preuve. Je trouve que vous, qui êtes encore le provocateur de cet acte maladroit, avez trop écouté votre amour-propre d'auteur et de professeur; il fallait punir autrement M. de Chateaubriand de ses plaisanteries sur vos brochures et sur vos immenses publications. Cet homme a la plume dure, lourde et pointue; il ne nous le prouvera que trop.

« Que ferons-nous de lui et des autres? ils mettent la Préfecture sens dessus dessous, ils en interrompent les traditions, les habitudes. Se figure-t-on le premier écrivain de l'époque, un rejeton des Stuarts et la vertu en personne logés avec les voleurs de mouchoirs? Qu'en arrive-t-il? C'est qu'il faut leur faire la révérence, leur demander pardon de la liberté grande, se rabaisser devant eux. Figurez-vous Gisquet tenant M. de Chateaubriand dans la salle Saint-Martin. Mon Dieu! que ce serait ridicule, si cela n'était pas odieux.

« Je vous préviens qu'hier au soir je disais à qui de droit : « Quand on n'a pas de quoi faire couper le cou à des gens de cette sorte, on ne leur met pas la main dessus. » Il m'a répondu : « D'ailleurs, ils coûtent à l'État, et nous ne sommes pas riches.... Si encore on pouvait leur faire payer les frais d'entretien, le mal serait moindre. »

« J'aurais voulu aussi que Danremont n'eût pas été choisi pour présider un conseil de guerre; il est filleul du roi; et ce titre, ce me semble, devait le porter à se récuser, car enfin il y a famille dans ce cas; et si la Cour de cassation ne suit pas la marche de la Cour royale, dont les arrêts sont aujourd'hui de vrais services... rendus à la bonne cause, que deviendrons-nous ? On dit, et Barthe l'affirme, qu'il est sûr de la majorité. J'en doute. Ce qui me fait peur, c'est que Dupin se soit rangé de notre bord en cette circonstance; son habileté est si malencontreuse!!!! Jamais homme, avec tant de talent, n'a aussi mal agi. Beaumarchais le prévoyait quand il a dit que les sots disent les sottises, et que ce sont les gens d'esprit qui les font.... Que c'est vrai!... Cependant....

« Voici du fruit nouveau. Aujourd'hui Camille a rassemblé dans son salon les douze maires de Paris, les colonels de la garde nationale et autres chefs de corps de la ville, pour savoir d'eux l'effet que produirait l'exécution des condamnés à mort par les conseils de guerre. Tous, un seul excepté, M. Marmier, ont déclaré que cette mesure produirait un bon effet, était nécessaire, et serait vue avec plaisir. Je vous le répète, il y a eu unanimité, moins une voix.

« Vous savez qu'un homme de lettres a été condamné à mort dans la Vendée ; son crime est d'avoir publié des *Cancans*. J'aurais voulu trouver dans toute la restauration une douzaine de jugemens semblables, afin de les opposer au nôtre... Je n'en ai vu aucun. M. Cauchoix-Lemaire, M. Fontan, M. Magallon sont pleins de vie..... N'allons-nous pas au-delà de cette restauration ? Et vous, très-cher, qui avez si bien parlé contre la peine de mort, n'auriez-vous rien à dire dans cette circonstance ? Ce serait très-fâcheux pour notre cause, si vous et les autres approuviez aujourd'hui ces échafauds qui vous faisaient tant d'horreur pendant la restauration. Votre silence nous ferait appliquer désagréablement, avec une légère variante, le vers si connu de Molière :

<blockquote>Nul ne conspirera, hors nous et nos amis.</blockquote>

« Hier, un malicieux personnage, le chevalier de M...., nous a tenu chez de Castres une heure sur la sellette en pérorant sans fin sur l'amour de l'humanité, sur la haine du sang, sur l'abolition de la peine de mort; il n'a cité que vos œuvres, vos discours, ceux de la doctrine; a rappelé tous vos efforts, en 1830, pour sauver les ministres de Charles X. Nous étions au supplice, et lui se donnait pleine carrière. Voyez s'il ne faut pas répondre, et surtout à sa dernière phrase; la voici :

« Enfin, messieurs, si dans la circonstance
« actuelle tous ceux qui ont voté avec le gou-
« vernement pour l'abolition de la peine de

« mort, ou qui ont écrit dans le même sens
« sur ces matières, ne continuent pas; si les
« Thiers, les Guizot, les Villemain, les Ma-
« hul, les Monjau, et tant d'autres se taisent,
« ils mériteront que la France les conspue,
« et qu'elle leur dise : Vous n'êtes pas des phi-
« losophes, vous êtes des charlatans. »

« Nous ne sûmes que répondre ; car vos paroles passées sont là par malheur en présence de votre mutisme d'aujourd'hui. Je vous rapporte toutes ces choses à cause de mon ardent amour du roi ; je voudrais qu'on lui fît des amis de tous les Français. En prend-on le chemin ? On a violé la Charte ; le cas est flagrant. On emploie tant de petites tyrannies, tant de maladroites mesures, que la suite m'en tourmente. Les journaux de l'opposition, pour nous battre aujourd'hui, n'ont le soin que de copier ce que nous avons dit sur des matières pareilles. Vous m'objecterez qu'alors nous jouyons la comédie, et que c'était convenu ; mais le public ne se contentera pas de cette explication, il se fâchera. . . . . . .

« On vient de m'envoyer chercher. Les trois prisonniers nous désolent. M. Persil, qui a découvert des poils sur un œuf, n'aperçoit pas dans le cas de ces messieurs de quoi fouetter un chat, et cependant il sue à la peine, le brave homme.... Quelle faute !... quelle étourderie !.... comment la réparer? Il convient de fusiller ces messieurs ou de leur ouvrir la porte.... Si d'eux-mêmes ils voulaient s'en aller! ils s'y refuseront. J'ai conseillé de les laisser partir tout de suite ; je crois qu'on va suivre mon avis.

« On parle d'un nouveau ministère. Qui en sera ?... Vous, peut-être. Oserez-vous en être?... Il est vrai que les émolumens attachés à la place....; nous sommes dans un siècle bien positif.

« Adieu, mon très-cher ami. »

CHAPITRE XXVII.

L'Enterrement du général Lamarque, et ses conséquences.

Enterrement officiel de M. Casimir Périer. Invitation forcée. Convoi du général Lamarque. La guerre civile. Le poste des Petits-Pères. La vérité. Lâcheté des chefs républicains. Courage des chefs vendéens. Les Parisiens ne veulent pas l'anarchie. Triomphe du gouvernement. Il perd, par des fautes multipliées, le fruit de sa victoire. Noms de ceux qui ont provoqué la mise en état de siége. Calomnies envers les vaincus. Le boutiquier pousse à des mesures de rigueur. Despotisme positif du marchand. Anecdote de féodalité boutiquière. Exemples. Embarras du cabinet des Tuileries. Sa position actuelle. Ce que veulent les souverains de l'Europe. Choix obligé que le cabinet des Tuileries sera tenu de faire avant peu. Ses chances d'un côté ou de l'autre. Je ne conclus pas.

> Quand on a fait soi-même sa position, il
> faut en subir toutes les conséquences.
> *(Recueil de maximes.)*

Nous venons d'assister aux funérailles de Patrocle ; le cabinet des Tuileries a vaincu la république dans les rues de Paris, mais il s'est laissé battre après le triomphe. On peut lui adresser le reproche célèbre du général carthaginois Magon, après la bataille de Cannes : *Vous savez vaincre Annibal, mais vous ne savez pas profiter de la victoire.*

Jamais application n'aurait été faite plus justement; on a pris plaisir à détruire une position excellente en renouvelant l'ennemi désarmé, ce que la restauration ne tenta que devant l'ennemi en armes.

Le choléra n'a rien ménagé; il a promené sa faux glacée sur toutes les têtes, sans distinction de parti. Casimir Périer a succombé, grâce au système du docteur Broussais, qui a voulu voir dans la terrible maladie indienne une des branches de l'inflammation. Il a traité en conséquence le président du conseil, lui a fait appliquer des sangsues au nombre de neuf cent, soutenues par seize saignées, par des bains glacés sans nombre, et en arrière de tout ceci, et le patient ouvert après sa mort, un procès-verbal complaisant constate que l'inflammation existe encore.... Que l'amour-propre est souvent maladroit!

Périer mort, il a fallu l'enterrer. On a dressé un programme superbe de pompe funèbre; on a mis en jeu le cérémonial de l'empire, et le juste-milieu a voulu de la politique et de la diplomatie dans un enterrement, faute de pouvoir en placer dans les affaires publiques. On tenait en outre à ce que le système du gouvernement (car le gouvernement en a un tout aussi bien que le docteur Broussais, et au moins aussi fort), que ce système reçût en cette circonstance la sanction de l'universalité des citoyens. En conséquence, et afin de constater l'enthousiasme et l'approbation, les trois quarts de la garde nationale reçurent l'ordre d'accourir spontanément pour grossir le cortége. J'ai vu le billet d'un sergent-major, ainsi conçu :

« Monsieur, vous ne manquerez pas de
« vous trouver demain avec vos camarades,
« qui, comme vous, désirent rendre hommage
« aux vertus du plus grand des Français (*Ici*

« *le lieu et l'heure*). Faute par vous d'y man-
« quer, votre tour de garde sera doublé. »
(*Suit la signature.*)

Le juste-milieu en fut pour ses frais : les fonctionnaires publics (ils sont en grand nombre), les solliciteurs dont la phalange n'est pas moindre, parurent seuls à ce convoi, pour lequel le peuple ne manifesta aucun intérêt. On riait dans tous les groupes; on riait aussi dans les rangs des affidés officiels. J'ai vu des personnages de haut rang, lire les journaux dans les voitures de deuil; la circulation des voitures particulières ne fut aucunement interrompue, qu'au moment précis où le cortége passa; enfin, rien dans ce jour n'annonça que la population parisienne ressentît quelque chagrin de la mort de Casimir Périer.

Peu de jours s'écoulent : la physionomie de Paris change; le général Lamarque est décédé.

On voit dès la veille les officiers, et tous officiers de la garde nationale, courir chez les simples soldats citoyens pour les détourner de rendre les derniers honneurs au défunt ; la police agit de son côté..... Le lendemain, la moitié au moins de la garde nationale est en ligne dans le cortége ; une multitude immense remplit les boulevards. Muette, morne, portant le deuil sur ses vêtemens et sur ses traits, elle fait la police. Aucun équipage n'ose circuler ; malheur à qui se permettrait un acte de gaîté, une parole inconvenante. Ce n'était pas peut-être l'élite de la population, mais c'était du moins la portion forte et énergique du peuple de Paris.

Peu de troupes accompagnent le cercueil ; mais une foule innombrable le précède et le suit. Elle porte des drapeaux, des bannières ; elle a des signes de ralliement, des mots de reconnaissance ; il y a là-dedans autre chose que de la douleur. A mesure que le cercueil s'avance, des mouvemens hostiles ont lieu ; les premiers fermens de la révolte se montrent. Je n'expliquerai point de quelle façon le combat général a été provoqué, par qui et de quelle manière. Il paraît qu'une course maladroite commandée au 6ᵉ régiment de dragons décida le choc, qui devint terrible.... Tout à coup le faubourg Saint-Antoine est barricadé; les insurgés s'emparent du centre de la ville aux cris de *vive la république! vive la liberté!* Presque tous les postes de la ligne et de la garde nationale que l'on attaque, sont enlevés dans le premier moment. Je passais sur la place des Petits-Pères vers sept heures du soir; il y avait quatre-vingts hommes environ, et rangés sur deux lignes, lorsqu'ils furent attaqués par une poignée de jeunes gens venus de la place des Victoires. Je certifie, quoique ceci contredise sans doute formellement le rapport héroïque qui aura été fait, que quatre coups de fusil avaient été tirés à peine, que tous les gardes nationaux prirent la fuite avec une telle rapidité, en courant de çà de là, que je peux les comparer à une volée de pigeons qui s'éparpillent; ce qu'il y a de sûr, et en pleine contradiction avec les relations mensongères des hommes avides de récompenses, c'est que le 5 juin au soir le nombre des gardes nationaux, accourus à l'appel, fut très-minime; il parut même effrayant.

Ce ne fut pas la même chose le lendemain, où soixante mille soldats de la ligne occupèrent Paris; alors la garde nationale fit preuve à son tour d'un dévouement honorable. La banlieue accourut aussi, et environ cent mille hommes de toutes armes combattirent avec intrépidité contre quatre à cinq cents rebelles retranchés dans les rues Saint-Martin et Saint-Denis.

On ne peut s'empêcher de rendre justice à la bravoure surnaturelle de ces jeunes gens, qui seuls, sans appui, sans sympathie du peuple à eux, car le peuple ne veut pas de la république, ont soutenu la lutte pendant trente-six heures. Ce fait tient du prodige; on ne peut décider ce qui serait advenu si ces héros, dignes de mourir pour une plus digne cause, avaient eu des chefs.... Ils n'en eurent pas.... Leurs chefs les ont lâchement abandonnés dans cette circonstance; ce n'est pas que là, de même qu'en juillet 1830, il n'y eût derrière la toile des hommes prêts à profiter de la victoire, et à composer ce qu'on aurait aussi appelé le gouvernement; mais ceux-là, autres Brutus intrépides dans les assemblées privées, sont pareillement poltrons lorsqu'il faut descendre dans la rue pour faire le coup de fusil. Je connais plusieurs républicains de la haute volée, et tous sont demeurés cachés dans leur maison pendant l'engagement; et pourtant que la veille encore ils étaient belliqueux!

En résultat, la république, pendant les 5 et 6 juin, a été pleinement abandonnée, trahie en conséquence, et deshonorée par ses sommités; leur conduite est d'autant plus infâme, qu'ils ont mis les armes à la main à leurs Séides généreux.

Il n'en a pas été ainsi dans le parti royaliste; nobles et *manans* ont couru dans la Vendée les chances égales. La balle du juste-milieu a atteint des fronts gentilshommes, en aussi grande proportion que ceux du reste des citoyens. Les chefs hardis n'ont pas manqué à ce parti; enfin, il a eu la veuve

Berri en tête ; et, sans offenser personne, il y a un peu loin dans l'opinion publique de la veuve Berri à Mme Villemain ou Broglie, par exemple ; je cite ces noms au hasard, et sans faire aucune application personnelle. Il y a donc avantage du côté des royalistes chefs, en opposition, aux chefs républicains, dont tous entièrement, tous, pas un seul excepté, n'ont fait acte de présence où l'on pouvait rencontrer la mort ; la mort que la veuve Berri affronte chaque jour encore (ceci est écrit le 30 juillet 1832).

Quoi qu'il en soit, dès que le combat eut commencé le 5 juin vers trois heures du soir, jusqu'au lendemain à la même heure qu'il fut terminé, la consternation plana sur Paris, qui renferme une majorité, presque d'unanimité, de citoyens épouvantés des conséquences d'une république. Les chapeaux rouges, les bonnets rouges adoptés par les jeunes partisans de ce gouvernement sanguinaire, les propos tenus à l'avance par ces insensés, n'annonçaient que trop ce qui adviendrait de leur triomphe ; on forma des vœux pour leur défaite, et ils furent vaincus par le seul effet du délaissement dans lequel on les abandonna.

La victoire demeurée au gouvernement établi, les ministres en mésusèrent; ils entrèrent alors dans cette série d'illégalités, d'infractions à la Charte, d'actes arbitraire, de fausses mesures, de déceptions et de calomnies dont ils ne sont pas encore sortis. Rien ne leur a coûté : visites domiciliaires, arrestations nombreuses et sans nécessité, jugemens iniques, calomnies atroces. Je citerai les faux assignats que les journaux, qui n'impriment rien que par son ordre, ont prétendu être déjà confectionnés par les soins des républicains, ainsi que des *instrumens portatifs de supplice*. L'alliance monstrueuse entre les hommes de ce bord, et ceux qui attendent le bonheur de la France du retour de la maison de Bourbon, le mensonge infâme au moyen duquel on a cherché à justifier l'arrestation de MM. Hyde de Neuville, de Chateaubriand et de Fitz-James, en l'attribuant aux révélations fournies contre eux par M. Berryer, lorsque celui-ci n'était pas arrêté encore.

La pensée de mettre Paris en état de siége est due à M. Guizot ; c'est le bruit général. C'est M. Villemain qui a rédigé l'avis du conseil d'Etat à ce sujet ; c'est le maréchal Soult qui a vivement appuyé ce moyen, dans la croyance qu'il l'amènerait au titre de président du conseil. Il n'y a eu dans tout le château, parmi les conseillers, aucun capable de comprendre la folie de ce coup d'Etat, déjà entaché d'illégalité pendant le combat, puisqu'on avait fait un des actes d'accusation des ministres de Charles X de la mise en jeu de pareille mesure ; et qui certes devenait bien plus coupable et sans excuse, après la victoire et surtout l'immense disproportion entre les vaincus et les vainqueurs ; quand tout Paris, les alentours et la France, loin d'aider l'agression, prenaient parti pour ceux armés en faveur du principe monarchique.

Savez-vous ce qui entraîna le conseil ? Ce fut cette fantaisie dont la faiblesse est toujours infatuée; celle de montrer de la force; la prétention à l'énergie qui tue tous ceux qui n'en ont pas. Le danger était passé; on n'avait pas eu le temps de développer du courage, de la présence d'esprit, de l'habileté. On se dit : Eh bien, nous ferons preuve de vigueur; nous écraserons nos ennemis tombés, de façon à épouvanter ceux debout encore; nous imprimerons de la terreur, et, par-là, rallierons à nous les incertains et les faibles.

Alors les emprisonnemens, les rigueurs, la mise en état de siége, les conseils de guerre, la justice bottée, éperonnée, toute militaire.... Bien! le début est rude; comment continuerez-vous? Le fardeau est lourd : quelles épaules parmi les vôtres le porteront? Voyons à l'œuvre et à la marche : on commence par acquitter deux ou trois condamnés, et le ministère s'écrie : Notre justice est impartiale. — Non, messieurs, elle est molle; vous avez voulu déjà rassurer les autres, à tel point vous-même étiez pareillement effrayés du bruit que vous aviez fait dès l'abord. Je ne vois point l'effet du hasard dans ces acquittemens de l'entrée en jeu; et si vos tribunaux exceptionnels ont d'abord mis la main sur des innocens, c'est que les procédures avaient été examinées à l'avance, et que vous éprouviez le besoin impérieux de rassurer.

Presque en même temps des articles de gazettes à votre dévotion, votre *Moniteur* officiel, vos circulaires ont crié, recrié sur tous les tons, que l'on ne devait rien redouter; que tout se passerait convenablement, à Paris au moins, car pour la province il fallait l'intimider sans retour. Voilà ce qui a valu la peine de mort appliquée à l'auteur des *Cancans* Bretons. Vous avez fait des politesses aux prévenus, vous avez assemblé les autorités de Paris pour leur demander si quelques exécutions ne seraient pas improuvées; on vous a poussé a les ordonner, mais ici vous n'auriez pas été aussi loin que les autorités de Paris l'eussent désiré, la vue du sang vous étant trop insupportable. Et en effet, du sang versé pour cause politique, et surtout républicaine, vous ferait à vous-même trop de mal, après tout ce que vous avez fait à la fin de 1830, et avec raison, pour épargner celui des ministres de Charles X. Tout donc me porte à croire que la grâce aurait été accordée aux condamnés par les conseils de guerre, tandis que maintenant que la vie ou la mort de ces prévenus est remise à la déci- d'un jury légal, je ne peux dire ce que vous ferez, car dans cette position vous n'êtes plus en jeu, pour ainsi dire, puisque vous vous effacez en quelque sorte derrière la loi; vous savez d'ailleurs que le boutiquier ne serait pas fâché qu'un exemple terrible fût donné, qui pût servir à lui éviter de reprendre les armes.

Le boutiquier, je lui en demande pardon, mais il faut qu'il s'accoutume à entendre la vérité, le temps des flagorneries à son adresse étant passé; le boutiquier, dis-je, a tout l'orgueil et la férocité des mœurs féodales, sans les adoucir par aucun mélange de cette générosité qu'on ne rencontre aujourd'hui que chez les nobles ou chez le peuple. Lui, qui a succédé aux premiers, est accoutumé au despotisme d'intérieur, à une domination entière, rigoureuse, cruelle même ; ses ouvriers sont ses esclaves, ses commis des valets : il pèse sur eux avec autant de poids que d'arrogance; il les tient à une distance énorme de lui. Qu'on interroge les inférieurs du boutiquier; qu'on lui demande si le *bourgeois* ou le *patron* est doux, indulgent, familier avec lui, il se plaindra, en réponse, de sa vanité renforcée, de l'intolérance de ses actes, de la grossièreté de ses paroles. Toutes les fois que l'ouvrier est amené à travailler chez un noble pour le compte de son maître, il ne peut taire sa surprise de la différence énorme, du traitement qu'il reçoit : hauteur, exigence, propos désobligeans dans l'atelier ou le magasin; paroles gracieuses, soins prévenans, bonhomie chez l'homme d'autrefois; il n'y aperçoit jamais la morgue en permanence dans la boutique, mais il y trouve une familiarité humaine et la vraie égalité, celle qui consiste à ne jamais avilir le malheureux ou l'individu moins riche que nous.

Je citerai à ce sujet le fait suivant :

Au mois d'août ou de septembre 1830, *la France Nouvelle,* qui n'appartenait pas complètement encore au pouvoir, imagina de se rendre populaire en annonçant que les chefs d'atelier et de boutique voulant récompenser leurs ouvriers de l'héroïsme qu'ils avaient montré dans les trois journées, leur donneraient à dîner aux Champs-Elysées, où l'on entremêlerait et maîtres et travailleurs. Cela me parut très à sa place ; et comme le journal ajoutait que chaque citoyen, pour augmenter l'éclat de la fête et montrer son patriotisme, pourrait y prendre part en invitant un ouvrier, M. de***, l'un de mes meilleurs amis, dit devant moi à un garçon menuisier qui accommodait chez lui une porte : « Monsieur, je vous invite au dîner public que les gens à leur aise vous offriront, et vous y serez mon partner. » Il achève à peine, lorsque le maître menuisier arrive, et M. de*** se hâte de lui faire part du projet du journal. Le bourgeois écoute d'un air de dédain, ses narines se gonflent, ses joues s'allument, et sans s'embarrasser de la présence de son subordonné, il réplique aussitôt :

« Pardieu, monsieur, voilà une sotte pensée. Est-ce qu'il convient à un maître de descendre jusqu'à donner des fêtes à ses garçons? Je sais trop ce que je me dois pour fréquenter publiquement *ces espèces* : à la maison, c'est différent; mais en public, que chacun garde son rang; je n'irai pas au dîner proposé; et ces journalistes sont de la canaille, s'ils veulent que les bourgeois vivent de pair à compagnon avec ceux qu'ils paient et qui sont à leurs ordres. »

Cela partit avec une dureté sans pareille, avec un sentiment profond d'une supériorité positive. Le garçon menuisier, tout humilié, ne souffla mot. M. de *** et moi nous nous regardâmes en souriant, et plus tard dîmes :

« Il aurait fallu que le peuple eût entendu ce nouveau noble, pour lui apprendre la différence qui existe entre ses pareils et nous. »

Je conclus de tout ce que je mets sous vos yeux, que le peuple ne gagne pas à passer sous le patronage superbe de ses supérieurs immédiats; ils le traitaient déjà avec une arrogance marquée, lorsqu'eux-mêmes avaient les nobles au-dessus d'eux. Et certes, maintenant que ceux-là se sont assis aux siéges des nobles, le peuple sera maintenu avec un redoublement de sévérité. Qu'il jette les yeux sur le despotisme bourgeois de Genève, de la Suisse, des villes anséatiques, de toutes les contrées où les marchands sont les gentilshommes du lieu. Là, aucune faute n'est pardonnée quand c'est l'ouvrier qui l'a commise; on le punit toujours avec un excès de rigueur; il n'a droit à aucune indulgence, car plus le gouvernant est près du gouverné, plus il a de plaisir à lui faire sentir sa suprématie. Or donc, je doute que la clémence arrive au secours des révoltés de juin 1832, dès le moment où leurs supérieurs directs deviendront leurs juges.

Au demeurant, quelque rigueur que l'on mette dans la condamnation et dans ce qui s'ensuivra, je doute que le cabinet des Tuileries en retire aucun avantage; les embarras de sa politique augmentent de jour en jour; l'Europe lui devient hostile de plus en plus, et le moment est proche où ce cabinet, conduit avec une opiniâtreté si persévérante, si malencontreuse, va se trouver avoir à choisir entre la révolution d'une part, et la contre-révolution de l'autre, et cela sans qu'il lui soit possible de conserver plus long-temps sa position du juste-milieu.

Mais, me demanderez-vous, qu'est-ce que vous entendez par révolution et contre-révolution?

La première, c'est l'ensemble de tout ce qui a placé sur le trône le roi Louis-Philippe, c'est-à-dire une foule de principes tous démocratiques; la souveraineté du peuple reconnue et acceptée, principe tellement inhérent à l'existence de ce roi, que ce roi ne peut s'en séparer sans tomber aussitôt; car s'il ne règne pas en vertu de la délégation populaire, quel est son droit, son titre? Il n'en a aucun; il les a tous aux yeux de la démocratie, s'il la reconnaît au-dessus de lui; et il ne peut s'y refuser. Or, ce principe est hostile, antipathique, odieux à celui qui régit le reste de l'Europe, le droit divin. La légitimité, sous peine de sa propre perte, non seulement ne peut souffrir son existence, mais, pour ne pas crouler devant lui, doit l'étouffer, car il est dans son essence de la faire périr elle-même. C'est donc un combat à mort entre eux qui s'élevera, et il ne peut manquer de s'élever.

La question ne tardera guère à être posée nettement; elle est déjà mise en jeu. L'acte que vient de publier la diète germanique est une vraie déclaration de guerre du droit divin au droit populaire. Il ne se peut, sous aucun prétexte, que Louis-Philippe puisse éviter de se prononcer pour l'un ou pour l'autre, car on lui demandera bientôt de s'expliquer sur ce point. S'il accède au protocole de la Sainte-Alliance, il lui faudra brûler ce qui l'a élevé, combattre sa seule légitimité, et poursuivre la souveraineté du peuple en Portugal, en Italie, en Allemagne, en Pologne, en Belgique. Cela est de toute nécessité; et en France, enfin, le pourra-t-il? Non, car le cabinet des Tuileries ne doit pas s'aveugler là-dessus; ceux qui viennent de combattre pour lui dans la Vendée et dans les rues de Paris, combattront contre lui dès qu'il se retirera d'eux. Il faut, pour compter sur leur concours, régner en vertu du pacte qui a fondé le nouveau trône. Si on annule le pacte, ce trône reste sans base, et l'abîme est au-dessous.

Le cabinet des Tuileries ne peut commettre une telle faute; il demeurera fidèle à son origine, quelle que puisse être d'ailleurs son affection cachée; dès-lors il se trouvera en présence de tous les champions de la légitimité, qui, forts de leur nombre, ne balanceront pas à l'attaquer; et si on en vient là, je le vois seul (ne pouvant mettre en ligne la Belgique), entièrement seul contre une coalition plus formidable que celle de 1792, parce que cette fois elle entendra mieux ses intérêts.

Que le cabinet des Tuileries ne compte pas sur l'Angleterre; celle-ci lui échappera avant peu; que d'ailleurs il y compte d'autant moins, qu'il a remis au prince de Talleyrand le soin de ses secrets à Londres. Le prince de Talleyrand n'a jamais manqué à tout parti qui a des chances de succès, et celles de ce genre ne seront pas pour le cabinet des Tuileries; il demeurera donc uniquement chargé du poids d'une guerre toute de principes. Quels seront les siens alors, s'il continue son système actuel? Il se placera entre la démocratie pure et le royalisme pur aussi, et conséquemment ne sera appuyé ni par l'un ni par l'autre. Se rangera-t-il vers la démocratie, et il y sera sans doute contraint inévitablement? Dans ce cas, le royalisme le combattra; et les républicains, comment soutiendront-ils avec amour un pouvoir qui les a jusqu'à ce moment poursuivis avec autant de véhémence? Cependant ce pouvoir n'aura de l'appui que dans eux, ne vivra que par eux. Ils seront donc sa ressource unique.

Qu'en adviendra-t-il?

Paris, ce 9 octobre 1832.

Il y a trois mois que cet ouvrage devait paraître. Les persécutions étendues contre M. Dentu, et même contre son prote, ont retardé sa publication. Or, en France, par le temps qui court, trois mois sont un peu plus de trois siècles. Toutes nos prévisions se sont réalisées. Le cabinet des Tuileries a seul demeuré immobile. Piétinant toujours à la même place sans avancer d'un pas, il en est venu au point que toutes les incapacités possibles reculent à venir prendre la tâche qu'il consent à leur laisser. Les plus niais et les plus avides ont peur de mettre la main à cette autre toile de Pénélope que l'on défait aussi la nuit pour la recommencer de jour. C'est à qui ne sera pas ministre, à qui évitera la corvée de paraître soutenir en apparence le fardeau qu'un seul homme porte en arrière de tous, celui du gouvernement occulte, et néanmoins patent, gouvernement en dehors de tous les principes des opinions majeures. « En voulez-vous? — Non. — Et vous? — Non. — Et vous encore? — Non. — Qui le prendra?.... » Dieu garde celui qui osera tendre son dos à ce fardeau d'égoïsme, d'amour de l'argent, de résignation aux outrages, d'intrigues honteuses..... Et la mort du roi d'Espagne, combien de millions a-t-elle fait gagner?..... Qui osera entrer au ministère sera bien hardi; qui osera s'y maintenir le sera plus encore. Le temps marche, et la justice de la France s'avance pareillement.

FIN.

www.ingramcontent.com/pod-product-compliance
Lightning Source LLC
Chambersburg PA
CBHW052137230426
43671CB00009B/1289